美丽邂逅

电台主播海苏和她的听友们

海苏 编著

听众朋友们，大家好！
我是海苏。
欢迎大家收听流淌的歌声节目。

SMPH
上海音乐出版社
WWW.SMPH.CN

SLAV
上海文艺音像电子出版社
WWW.SLAV.CN

美丽邂逅
Beautiful encounter

名人合照

宋祖英

李光羲

阎维文

印 青

才旦卓玛

谭 盾

王洁实 谢丽斯　　佟铁鑫

王佑贵

张民权

李怀秀 李怀福

郑绪岚

孔子雯

红歌音乐课堂第一讲

红歌音乐课堂第二讲 —— 淞南

红歌音乐课堂第二讲 —— 淞南

红歌音乐课堂第二讲 —— 淞南

红歌音乐课堂第三讲 —— 上海中西三维制药公司

主播风采

在节目中，
我总是尽量满足每一个听众朋友的需要，
并为他们送上真挚的祝福，
于是，
听众朋友 深深的记住经典947、
也记住了《流淌的歌声》节目，
他们亲切地称我为“海苏姐姐”。

作为主持人，
我在给予听众最大热情和关怀的同时，
也收获了很多感动，
这应该就是某种特殊的“良性循环”吧。

每次我们虽然只有短短 120分钟的相聚，
但我已经从中得到了幸福和快乐。
我将会继续以我的方式关心和爱护支持我们的听众，
全心全意为他们服务，不求回报。
同时在音乐当中让听众感到经典947大家庭的温暖和人文关怀！
海苏

2007 4 26

经典94.7
Classical
好音乐在这里

李崇德

何心德

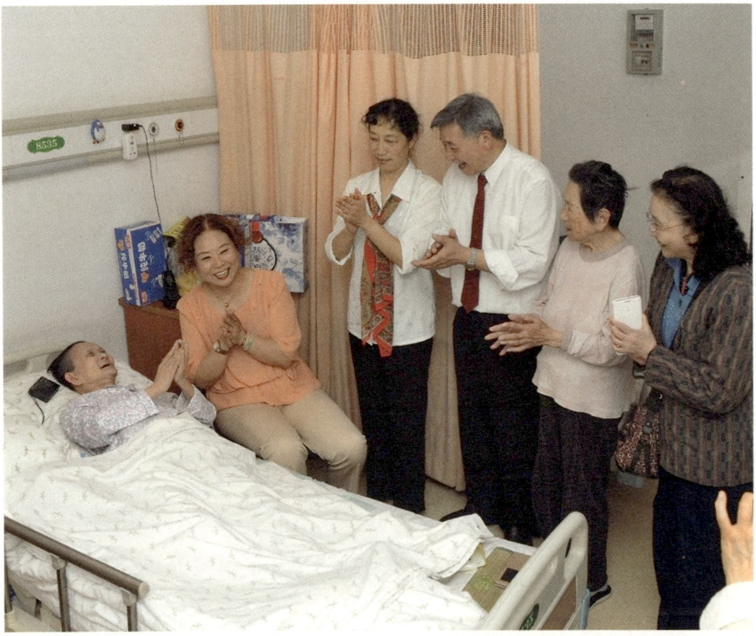

莘庄敬老院看望听众钱水芳

听众见面会上海苏与听众互动交流

获奖证书

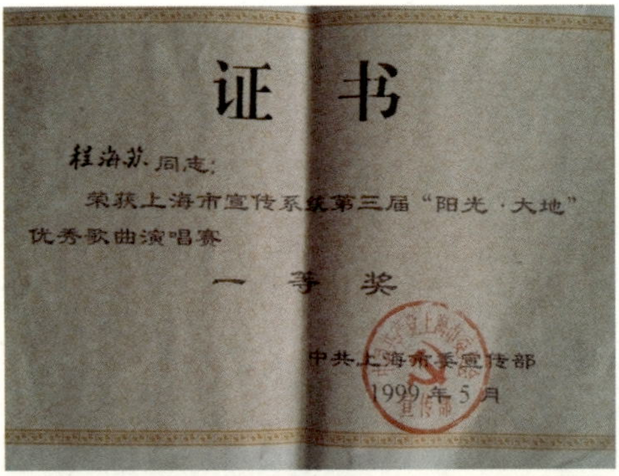

证 书
程海苏 同志：
荣获上海市宣传系统第三届“阳光·大地”优秀歌曲演唱赛
一 等 奖
中共上海市委宣传部
1999年5月

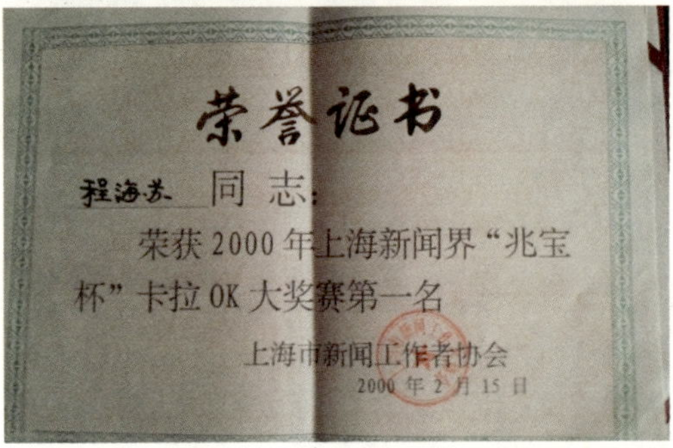

荣誉证书
程海苏 同志：
荣获2000年上海新闻界“兆宝杯”卡拉OK大奖赛第一名
上海市新闻工作者协会
2000年2月15日

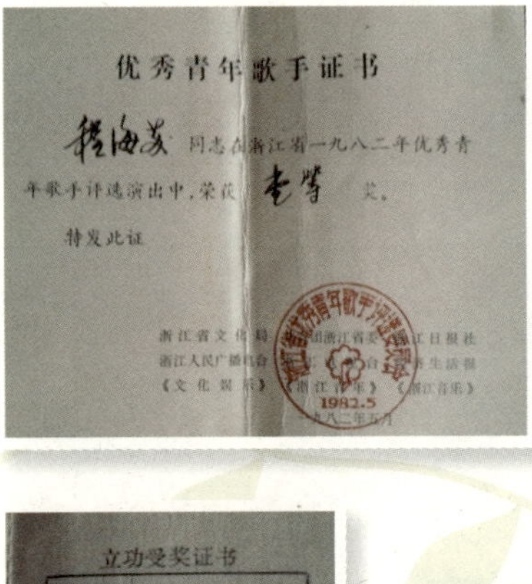

优秀青年歌手证书
程海苏 同志在浙江省一九八二年优秀青年歌手评选演出中，荣获 奖。
特发此证
1982.5

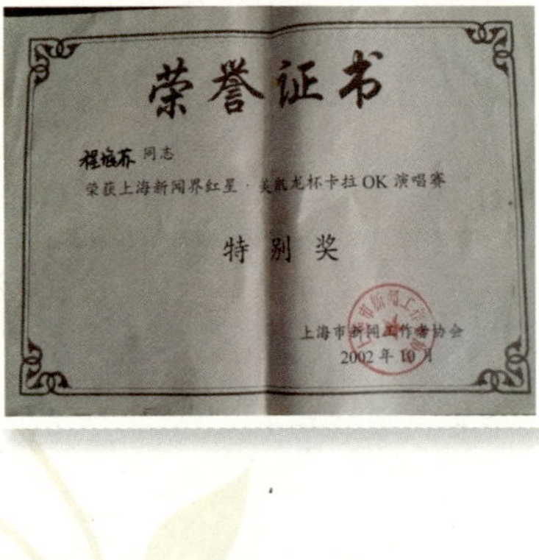

荣誉证书
程海苏 同志
特 别 奖
上海市新闻工作者协会
2002年10月

立功受奖证书
三等功

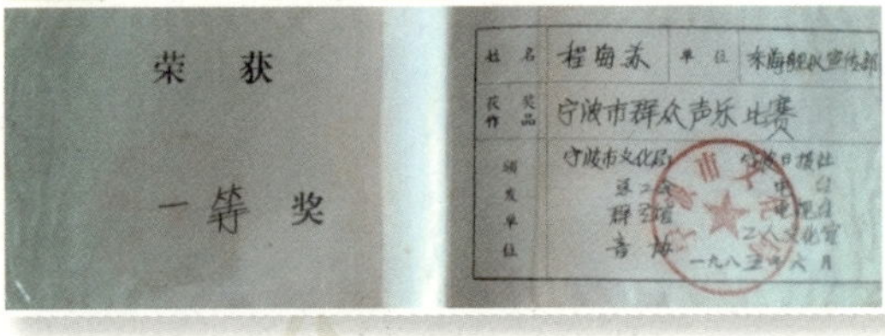

荣 获
一等 奖
程海苏
宁波市群众声乐比赛

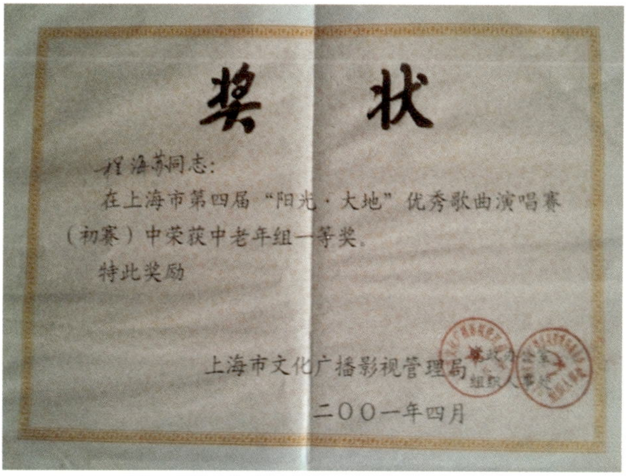
奖 状

程海苏同志：

在上海市第四届"阳光·大地"优秀歌曲演唱赛（初赛）中荣获中老年组一等奖。

特此奖励

上海市文化广播影视管理局

二〇〇一年四月

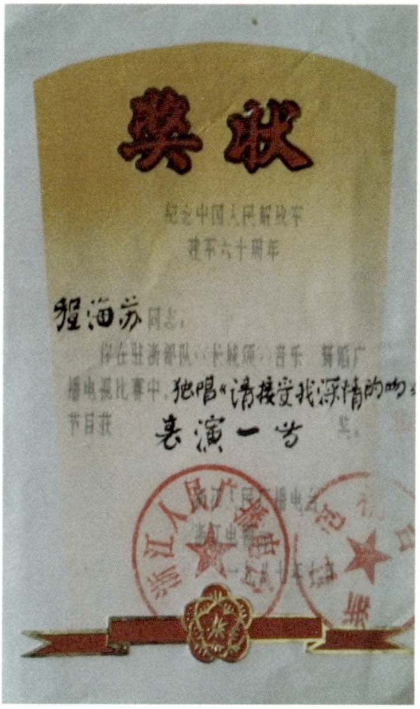
奖状

纪念中国人民解放军建军六十周年

程海苏同志：

你在驻浙部队《长城颂》音乐、舞蹈广播电视比赛中，独唱《请接受我深情的吻》节目获表演一等奖。

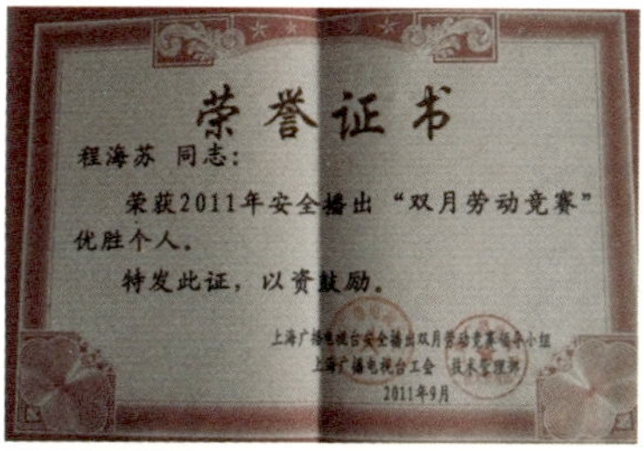
荣誉证书

程海苏 同志：

荣获2011年安全播出"双月劳动竞赛"优胜个人。

特发此证，以资鼓励。

上海广播电视台安全播出双月劳动竞赛领导小组

上海广播电视台工会 技术管理部

2011年9月

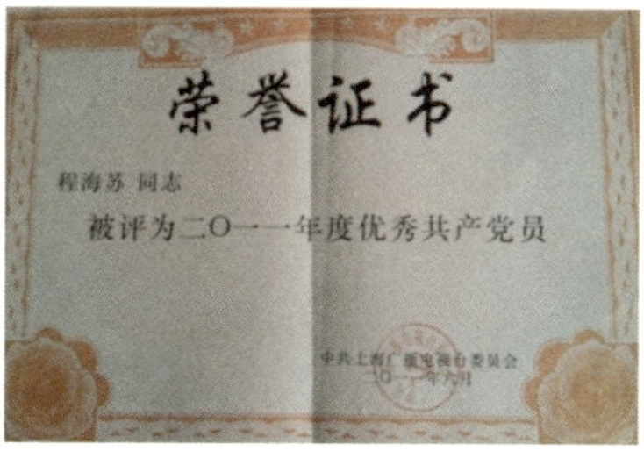
荣誉证书

程海苏 同志

被评为二〇一一年度优秀共产党员

中共上海广播电视台委员会

二〇一一年六月

序

张民权

在历史的长河中，10年只不过是小小的一滴水珠而已，但在短暂的人生中，10年的时光是何等的珍贵……上海东方广播经典94.7频率“流淌的歌声”栏目已经走过10个年头了。10年来，“流淌的歌声”主持人海苏通过播送经典老歌、传统红歌、优美民歌和激情军歌等音乐节目，为广大听众提供了一个歌曲和音乐的共享平台；同时，海苏通过短信点歌、网络互动和听友活动等多种形式，使“流淌的歌声”这个广播栏目突破了音乐广播本身。

海苏是我的同事，也是我多年的朋友，她为人真诚，充满热情，从部队转业来到电台后，依然保持着军人的作风，对工作认真负责，对业务精益求精。记得舒曼曾经说过：“没有热情和真诚，就不可能创造出任何真正的艺术作品”。正是由于海苏的热情和真诚，才使她在“流淌的歌声”栏目实践中，主动关注社会底层，贴近广大听众，疏解民生心理，为民排忧解难，使“流淌的歌声”不仅成为广大听众的快乐驿站，还成为广大听众的心灵港湾。充分发挥了“流淌的歌声”坚持传统教育、激发爱国情怀、传递人间爱心、促进社会和谐的积极作用。

这本书的大多数作者都是我们的热心听众，其中有退伍军人、社区居民、出租车司机、外地来沪务工人员以及身处逆境和患重病的老人及残疾人，他们用自己的语言、自己的笔和自己的故事，倾情表达了对“流淌的歌声”栏目和海苏真诚热情为民服务以及满腔热忱地关心和帮助弱势群体的由衷谢意。

10年了，“流淌的歌声”栏目在听众和电台之间架起了一座音乐的桥梁，越来越多的听众因歌声与栏目相识，因音乐与栏目结缘。十年来电波中连绵不断的歌声也成了听众耳目中一道靓丽的风景线。

10年，“流淌的歌声”栏目踏上了一个新的台阶，那么10年后的今天，如何继续办好“流淌的歌声”栏目，充分发挥“流淌的歌声”的时代特色，坚持弘扬栏目的正能量，是我们必须认真思考的问题。由衷地祝贺“流淌的歌声“栏目在新的10年中，百尺竿头，更上一层！

生活离不开音乐，生活离不开歌声。让流淌的歌声沁入你我的心中，让优美的旋律陪伴您度过春夏秋冬……

2015年7月15日

自序

海苏

上海东方广播经典94.7频率“流淌的歌声”栏目已走过10个年头。10年来，“流淌的歌声”主持人海苏通过播送经典老歌，传统红歌，优美民歌，激情军歌等音乐节目，为广大听众提供了一个歌曲和音乐的共享平台；同时，海苏通过短信点歌，网络互动，听友活动等多种形式，使“流淌的歌声”这个广播栏目突破了音乐广播本身。

她在“流淌的歌声”栏目的实践中主动关注社会底层，贴近广大听众，疏解民生心理，为民排忧解难，使“流淌的歌声”不仅成为广大听众的一个快乐驿站，还成为广大听众的一个心灵港湾，从而充分发挥了“流淌的歌声”坚持传统教育，激发爱国情怀，传递人间爱心，促进社会和谐的积极作用。因此，总结“流淌的歌声”的成功做法，推进“流淌的歌声”的创新发展十分必要。

本书大多作者来自听众，来自平民百姓，特别是一些曾经服役的军人、社区居民、开出租车的的哥、的姐，外地来沪务工人员、身处逆境的患重病的老人和残疾人，他们用自己的语言自己的笔自己的故事，倾情表达了他们对“流淌的歌声”栏目真诚、恒久为民服务的致意，倾情表达了他们对海苏老师满腔热忱地关心和帮助弱势群体的由衷谢意和致敬。

本书成书的宗旨就是：聚焦“流淌的歌声”的璀璨亮点，总结“流淌的歌声”的十年硕果，探索“流淌的歌声”的发展新路，继续“流淌的歌声”的为民服务。

本书成书的目的就是：通过践行党的文艺宣传工作“深入生活，扎根人民”的群众路线，坚持走人民广播事业与广大人民群众相结合的道路，通过总结发扬已有成果，继续做好“流淌的歌声”这一富有特色的群众音乐广播工作，充分发挥“流淌的歌声”的时代特色，坚持弘扬“流淌的歌声”的正能量，使广大听众特别是广大中老年听众进一步密切与党和政府的联系，坚持社会主义核心价值观，最广泛地巩固和增强社会和谐的基石作用，使“流淌的歌声”成为一种构建社会和谐的有效途径和倍增器。

2015年5月

目录

1. 走进播音 走向听众　海　苏　2
2. 我与“流淌的歌声”的结缘　沈嘉麒　39
3. 我与“流淌的歌声”的情　陈惠康　45
4. 眼见为实 耳听也为实　王树和　47
5. 海苏老师鼓励我学雷锋　金康生　54
6. 春天的记忆在流淌的歌声里　杨红生　59
7. 三次点歌见真情　徐继光　62
8. “流淌的歌声”让我找到知音　杨红生　68
9. 流淌的歌声里 听众的嘉年华　丁洪宝　71
10. 流淌的歌声流淌出真爱　许志立　74
11. 声声入耳流淌的歌　毛鑫福　79
12. 我与“流淌的歌声”的故事　沈梅珍　82
13. 巧遇海苏老师　丁洪宝　85
14. 美丽邂逅　沉海鱼　88
15. 致海苏姐　江　玲　93
16. 致海苏老师　胡天天　97
17. 流淌的歌声中度过的流淌的时光　张天乐　100
18. 一位高中生听众的来信　流　苏　103
19. 海苏老师——你是我的眼　王根宝　106
20. 我与“流淌的歌声”　王万能　109

21. 结缘“流淌的歌声” 海 苏 112

22. 老有所乐 卢国平 119

23. 我与海苏老师 李花宝 121

24. 深深吸引我的“流淌的歌声” 朱玉珠 126

25. 真诚的合作 李新成 129

26. 老歌唤回青春 杨浦区”流淌的歌声”之友 131

27. 让流淌的经典永驻心间 王 辉 133

28. 听友心语 陈家健 范义祖 胡锡祺 颜 平 刘 林 阮兰凤 张栩怡 张金珠 季文兰 李海东 朱银龙 韦 业 王中华 陈杏芳 吴燕琼 彭红英 邓瑞芬 曹振华 邓有红 邵卫娟 汪 淳 张文豪 任志宝 王英英 138

29. 我有一个梦想 海 苏 149

30. “流淌的歌声”主题曲——歌声流淌 乐谱 作词/作曲：李新成 编曲：李长缨 改编：汤 迎 154

{CD 目录}

1. 女声独唱：“流淌的歌声”主题曲——歌声流淌 作词/作曲：李新成 编曲：李长缨 改编：汤 迎 演唱：海 苏

ISRC-CN-R12-15-01153

2. 配乐诗朗诵：我有一个梦想 作词/作曲/编曲：海 苏

ISRC-CN-R12-15-01154

走进播音　走向听众

海苏

一

那是一个普通的星期一的下午，在闵行区莘庄镇敬老院里。一位年逾八旬的钱水芳老人躺在病床上，她在等待一个人的到来。2011年那一年，老人突遭意外瘫倒在床上，下肢不能行走，住进敬老院已经4年多了。多年前，钱水芳老人在一个偶然的机会，她从广播中听到上海东方广播94.7频率“流淌的歌声”播出的经典传统歌曲音乐节目时，竟十分喜爱，从此，钱水芳老人和“流淌的歌声”结了缘。每每在电波中和“流淌的歌声”的主持人亲切交流，她似乎就感觉到女主播就像一位自家的亲人在面前拉家常，她真想见见这位主持人。可是令这位老人遗憾的是，几年来，这位主持人是只闻其声，未见其人。也难怪，这是广播电台，不是电视台，电波是主持人和听众沟通的媒介，要见真容当然就有困难了，毕竟主持人很忙难以见面。要说这位老人盼望见面的主持人不是别人，正是我——海苏。其实，我知道钱水芳老人的想法已经有一年多时间了，实在是因为工作太忙，没有空去看这位特殊的听众，但是，我是下了决心要到敬老院去看一看这位老人，看看这位自己播音节目的忠实听众，因为我感到这是一种普通人的纯朴的情感，这是一种无法拒绝的探访，这是因为钱水芳老人对我们普通的主持人这份久久难以释怀的真情在我的心里已经激起了一阵阵难以平复的涟漪。终于在2015年5月18日下午，我带上心中的祝福，带上给老人的慰问品驱车前往莘庄镇敬老院。车轮滚滚向前，车窗外两边的景色急速地向车后倒去，就像人生的风景随着时间的推移已成为一种远去。岁月虽然远去，但许多往事却依然使人难忘，我当时的思绪就像车轮留下的印痕向后绵延伸展到它的出发地一样，把我带到了遥远的过去。此刻，我从进入部队当上一名文工团员，后又进入东方广播电台，成为一名群众音乐节目主持人的一件件往事，就像过电影一样在我眼前一一闪过……

我上世纪50年代出生在北京，3岁到上海，生长在一个军人世家。父母兄弟都是军人，我从小在部队大院长大，向往当一名解放军。母亲是部队文工团的歌唱演员，我从小就梦想继承母业。其实，我小时侯对音乐就有感性，母亲说，我小时候一哭、一闹，不听话，母亲就把收音机调到播放音乐的频率，我就不哭、不闹了。父亲是海军留苏专家，正军级。留苏回国时他带回了柴科夫斯基的《天鹅湖》等名曲的唱片，我特别喜欢听。我对音乐的感悟很强，兄弟姐妹五人，我唱歌是佼佼者。我3岁全托在上海海军幼儿园，6岁就读于虹口区三中心小学，是重点学校。从小喜爱唱歌的我，进入了三中心小分队后担任领唱，喜欢唱马玉涛的歌。曹老师是我的启蒙老师。一到五年级我又学会了扬琴、二胡、月琴。

由于我有歌唱和音乐方面的特长，并且也被老师、学校认可，所以，1968年，当部队文工团来我们学校招文工团员时我就积极报名，我十分迫切要到部队文工团去学习、锻炼、成长。原本我可以被工程兵、铁道兵、装甲兵、总政等文工团录取的，可当时还是文革期间，老干部被打倒，我父母也被调离领导岗位靠边，因为政审不合格，我被取消了录取资格。让我与部队文工团失之交臂。1970年，我在上海市新力中学就读时，正遇海军航空兵第六师宣传队招人，这一次，我被录取了，当时我13岁。然而，事隔两个月，我军装也穿上了，部队突然说由于我不符合当兵的条件被退回，原因是档案里有关于父亲是陶勇的部下的“黑材料”。父亲得知后，立刻找到东海舰队领导，他十分气愤而又严肃地说：“我的问题是我的事，不应该牵连到孩子，不能耽误了我孩子的前途。”父亲据理力争的交涉果然奏效，也许父亲毕竟是部队的军级领导，当时的部队领导还是给了父亲这个面子。终于，在1970年12月我正式应征入伍，第二次进入了海军航空兵第六师宣传队。

进入航六师宣传队以后，我学到了很多，1971-1973的三年里，我演过样板戏《沙家浜》，也多次下部队，曾在休养所当过护士、卫生员。1973年，海军航空兵、海军东航政治部搞汇演要招人，当时把我作为舞蹈演员招去，跳芭蕾舞、民族舞。后突然有一次，文艺宣传队的队长殷亚光在拉手风琴，随着他的手风琴声我就唱了起来，他听后说你唱得比跳得好。从此以后，我在宣传队就以唱为主，以跳舞蹈为辅，以后在下部队的宣传演出中让我以独唱为主。1973年到1976年期间，我又学到了许多东西。我虽说是高干子女，但我十分低调，从不炫耀，从不在部队领导和部队战友面前显示出一丁点的优越感。所以自进入部队以来，特别在宣传队的三年中，大家都不知道我是高干子女。1976年4月父亲平反了，东海舰队政治部领导来找我说“你爸爸平反了，你的黑材料当场撕毁，你父亲现在是东海舰队的参谋长。”同年4月，18岁的我加入了中国共产党，又调入了海军东海舰队政治部文工团，担任独唱演员。

丨走进播音 走向听众

在东海舰队政治部文工团，一年中我们有8个月要下部队、到海岛去演出。那时下部队条件非常艰苦，也很辛苦。遇天冷，化妆过敏，一天要坚持演完三场才能卸妆。有的海岛雷达站、海上观测站就2、3个人，没有舞台、换装间、麦克风……战士们看我们演出就坐在小板凳上，虽然演出场地条件简陋，但战士们观看时的专注神情，表现了他们对音乐的渴望，看到这样的情景，我们真的很受鼓舞。由于条件限制，我们就演清唱、快板书等简单的节目。但就是这样，战士们仍然对我们热烈欢迎，我们一到海岛，战士们总是把最好的地方让给我们休息，把最好的食品送到我们面前。每次演出完，当我们坐着船离开海岛的时候，战士们都会来到小岛的岸边，他们挥动着双手，久久地目送着我们离去。看到他们依依不舍的情景，看到他们希望我们下次再来的充满期待的神情，想到战士们天当被，地当床，常年坚守着艰苦的海岛生活时，我的心里真的很难过。

有一次我接到接待外宾的任务，法国海军到上海访问，组织上要我唱一首法国歌曲《回忆童年》，可我不懂法语，也不会唱这首歌。于是组织上请了外语学院老师来教我。听不懂，我就用汉字的音来标注法语的发音，把普通话标在歌谱上，用放音机一遍遍听，一次次练……功夫不负有心人，终于从一点也不懂法语到能流利地唱法语歌曲《回忆童年》了。上场献唱的那天，我用法语动情地放声歌唱法国歌曲《回忆童年》：“当我年幼的时候，住在到处是鲜花和鸟儿的山上，比利牛斯山上吹过来的山风，带来了西班牙的歌声，它美丽的旋律，震撼了我的心弦。如今远离了故乡的小溪、泉水和瀑布的轰鸣声，但是我永远也忘不了，法兰西牧民的笛声，和故乡明朗的天空。”当歌声像轻风飘荡在东海舰队演出大厅的时候，所有的法国官兵都惊呆了，有的官兵惊奇地张着嘴，有的官兵一动不动直楞楞地望着我，《回忆童年》的歌声就像歌词中的泉水那样潺潺地流淌在他们的心田，他们做梦也没有想到，在远离他们祖国的东方古国中国居然还能听到中国女兵用法语演唱他们熟悉的旋律，让他们想到了自己的祖国，凭添起一种难舍的乡情。演唱完这首歌曲后，法国官兵简直像喷涌的火山，立即爆发出热烈而经久的的掌声，有一位法国军官还快步走上前来拥抱我，当时，那位法国军官特有的热情真把我吓坏了，当时的情景至今令我难忘。

一年中有8个月要下部队，其他4个月是休整和进修，在进修与休整的时间里，我到过总政及海政胡宝善老师处学习声乐，到北京和上海的音乐学院学习声乐，1979年在上海音乐学院声乐系旁听，1980年又在上海音乐学院进修了1年，1981年我正式考入了上海音乐学院声乐系，在这期间，我代表东海舰队文工团参加了浙江省青年歌手大奖赛，荣获一等奖。1983年在上海音乐学院毕业前夕，我在部队举办了一场个人演唱会。

在上海音乐学院毕业前，总政下来通知，兵团级不能成立专业的文工团，东海舰队是兵团级，之后，东海舰队文工团解散，我被留在东海舰队录像组，担任音乐编辑。就这样与宁波人民广播电台有了接触，结识了新闻播音员张老师，有机会进入其中学习编辑、主持、播音技巧。他是我的启蒙老师。在这期间我参加群众服务培训活动，在宁波群艺馆上为歌唱演员上辅导课，这样的一种把学院的知识与现实的工作相结合过程，为我在今后的声乐教育和播音工作奠定了良好的基础，事业有了飞跃发展。1984年我又被调到东海舰队俱乐部当文艺干事，从事部队广播站和俱乐部培训工作，学到了很多东西。我把好听的歌曲制成盒带播放，深受指战员们的喜欢。

1990年我转业到上海人民广播电台组织人事科，负责档案管理工作。约两年左右。当时我的梦想和愿望就是想当一名主持人，正遇当时上海人民广播电台要分出一块，成立东方广播电台，自己向领导提出后，经领导同意，作为内部调整，从1992年下半年起，我在音乐采编科担任音乐编辑。在领导的培养下，我采、编、播主持了每周一、三、五晚5点到6点的“难忘的旋律”，这是一档播送中国的老歌、民歌、器乐曲的节目。另外我还参加了外录工作及东广音乐厅的采、编、播。要说我担任“难忘的旋律”的主持人，采、编、播就一个人负责，我一开始犯了难，编播的稿子怎么写？我当时非常茫然，我想，听听别的主持人怎么讲的吧。经过向别人学习，我试着写了编播稿子：“听众朋友，大家好！我是海苏，请收听上海人民广播电台‘难忘的旋律’节目。”又如“听众朋友们，大家好！请收听上海人民广播电台‘难忘的旋律’节目，在今天节目当中，我为大家播送一组好听的音乐。”“听众朋友们，大家好！我是海苏，今天我为大家播送名家专题音乐节目。”各种开场白，我都认真学习实践，明白了开场白需要变化，不能简单重复，如果千篇一律的话，听众就不喜欢听了。为了让广大听众听到满意的歌，我自己花钱购买各种民族歌曲和经典歌曲的音带作为编播音乐节目的储备。一些听众听了后非常满意，纷纷来电说，你播出的歌太好听了，正是我们想听的歌。我想，我能够做到这一点是因为我有两个基本工作态度，一是时刻牢记全心全意为人民服务的工作宗旨；二是干一行、爱一行、学一行、钻一行。虽然说这些是大道理，但这些大道理在工作实践中被证明是指导我们的工作方针和原则。其实，我能够把这些大道理用在我的工作上并不是凭空来的，是与我在部队接受组织的培养分不开的，是与我在部队的锻炼成长分不开的。部队的经历告诉我，那些在艰苦环境下保卫祖国的战士们多么需要精神食粮，多么需要我们为他们服务，我们有这个责任和担当。今天，广大的听众特别是广大中老年听众是我们社会和谐的基石，我们需要满足他们日益增长的文化需求，这同样是我们的责任和担当。在人民广播事业的岗位上，我要像雷锋同志所说的，做一颗永不生锈的螺丝钉，坚守在那里，闪闪发光。

1997年电台搬到虹桥路，经过改版，“难忘的旋律”改为“中华风情”，仍由我担任该节目的采、编、播。每天一小时播放中国的老歌、民歌、器乐曲。2000年，东广与上广合并，成立上海东方广播电台音乐三部，105.7频率，我继续担任“中华风情”节目的主持人。2004年，原有的节目再次改版，音乐三部改为94.7频率，我担任经典94.7“流淌的歌声”节目的主持人，采、编、播均由我一个人负责。在以后长期采、编、播的工作实践中逐步形成了自己的播音风格。

二

2004年，上海广播电台音乐采编科合并到东方广播电台94.7频率，节目改版，由我主持经典94.7“流淌的歌声”节目。当时主持经典94.7“流淌的歌声”节目是周一到周五下午3点到5点向听众播出。我一直立志于为听众朋友带来更多更好的音乐节目，因此，接手新的音乐专栏节目后，我决心要在听众面前展现一个全新的栏目形象。那么，怎么来办好“流淌的歌声”这一音乐专栏节目呢？我当时有过思考。过去的工作经历使我感到深入做好播音工作首先要解决文艺工作者的感情问题，也就是能不能把群众的需要作为我们工作的出发点和落脚点，有没有把群众的满意度作为衡量我们工作的基本尺度。联系到当年作为一名部队文工团员下部队为战士演出深受部队指战员欢迎的经历，我感到现在要做好“流淌的歌声”这一档群众音乐节目，我就应该充分利用广播电台的优势和当今网络互动的优势，通过电波介质主动走向广大听众，加强和听众朋友的互动，根据听众的需要搞好采、编、播，为广大听众提供满意的群众音乐节目，为广大受众提供满意的广播服务。还有一个问题就是创新服务，在改革开放深入发展的新形势下，群众对音乐广播文化的需求呈现多层次、多样式，并要求能和他们多贴近、多互动。既要求音乐广播在内容和形式上具有鲜明的时代特点，又不乏优美的经典传统的歌曲、乐曲，同时要求音乐广播能和群众的工作生活实际相联系、相结合。这就要求我们主持人打破以往单向的“你播我听”的传统广播模式，在采、编、播节目中要努力创新播出方式，丰富播出内容，拓展播出路径。

为此，我在播音主持工作的实践中常常关心广大听众喜欢听什么节目，有什么需求？个别听众遇到什么困难，有什么需要安慰的？一些残疾人、弱势群体需要什么帮助，身处逆境需要送什么励志歌曲？……听众朋友的信息都成为我采、编、播的工作灵感。国庆节快到了，我会告诉听众朋友：亲爱的朋友们，“流淌的歌声”在国庆节特别节目中为大家编排了好听的歌曲，10月1日“流淌的歌声”主持人海苏将和听众一起欢度祖国生日，通过两个小时的大点播送出对伟大祖国的祝福和由衷的赞美。在辞旧迎新迎元旦特别节目中，我为大家安排《金蛇狂舞》《好运来》《吉庆有余》《我的祝福》《越来越好》《美梦成真》《吉祥三宝》等好听的乐曲与歌曲，并在新年的第一天借助电波向广大听众朋友们致以最真挚的问候！

祝大家新年快乐！为迎接第28个教师节，经典947FM947“流淌的歌声”在教师节9月10下午3点到5点为大家播送一组歌颂教师节歌曲《老师，你我共同的名称》《每当我走过老师的窗前》《老师的故事》等，让我们用音乐送上音乐的鲜花，共同祝愿天下所有的老师：节日快乐，幸福永远！

我除了为广大听众播送喜闻乐见的经典的、传统的、优美的音乐、歌曲外，还为一些有特殊需要的听众专门送上有针对性的音乐、歌曲节目，如某某听众思念父亲时为他点播刘和刚的歌曲《父亲》，为某某听众的生日送上生日歌曲《送你一束康乃馨》，为某某生病的听众送上《祝你平安》，为某某丧偶的听众送上《牵挂你的人是我》，为弱势群体送上励志歌曲《路在脚下》，及时为的哥、的姐送上他们的点歌等。“流淌的歌声”栏目通过网络移动平台及时为听众服务收到很好了的社会效果。如一的姐了解到乘客中有一位是当天生日，就发短信给广播电台，为乘客点歌送祝福。主持人就快速地在电台里播放了相关生日祝福，当乘客在广播电台里听到自己的名字及祝福，很惊讶，接着连声道谢，说坐上了上海滩最棒的出租车，真开心！我们会记住你的。还有一次，炎炎夏日的中午，一路堵车，两位军人乘客有急事，因此情绪上有些波动。为了安抚乘客的情绪，的姐趁堵车功夫，给电台发了条短信，并对两位军人说：欢迎乘坐我的车，我在电台里为你们点歌了。他们不信，说："我们坐出租车从没遇到有点歌这档子事"。话音刚落，电台传来我亲切的声音：大众出租的一位女司机，为车上的两位军人乘客，我们时代最可爱的人点播一曲《小白杨》，祝他们心想事成，万事如意。的姐从反光镜里瞥了一眼这两位军人乘客，只见他们有些惊讶。待一曲《小白杨》的歌声响起时，他们合着节拍一起高歌，的姐也跟着一起吟唱，歌声拉近了驾驶员与乘客的距离，也化解了乘客因堵车产生的烦躁情绪。又如，黄海出租车公司的老总要求的哥通过"流淌的歌声"为员工点歌送祝福，当公司员工第一次从广播媒体聆听到公司老总送出的祝福，当帕瓦罗蒂《我的太阳》歌声终了时，公司领导的手机铃声此起彼伏，许多驾驶员在收听完点歌送祝福后打来电话表示感谢，有的在和领导通话时言语哽咽，这就是FM94.7"流淌的歌声"的力量与魅力。

每当一些通过短信点歌和留言的听众，在广播里听到主持人报上他们的名字，送上他们盼望听到的歌曲，都会感到有一股暖流在他们的身上涌动，使他们的心情久久难以平静。细心、周到、热情、恒久的为民服务，使广大听众形成一个共识，那就是“流淌的歌声”专栏广播是属于他们的充满温煦的快乐驿站、心灵港湾和精神家园，广大听众离不开她。

上海东方广播经典94.7“流淌的歌声”群众音乐节目专栏广播已走过十个年头了，在播音工作的实践中，不仅是广大听众离不开“流淌的歌声”这档节目，就是我自己也离不开这档节目，她已成为我生命的一部分，是我活力的源泉，是我热情的能源，是我向上力量的支撑。俗话说，再好的奖杯不如百姓的口碑，当我翻开听众朋友的一封封来信，那一串串文字在我看来，分明是一串串闪烁着光泽的珍珠，分明是我内心中一串串激动的泪珠，不需要细述我在播音工作中的一件件往事，一遍遍努力，一淌淌心血，那是无言的，但那种无言在我的心中升腾起一种自信和欣慰，那是对我付出的最好的回报。

听众朋友在@经典947海苏网络回复和给我的来信中如是说：

海苏同志：

与您一样我也是一位转业军人，我还是您主持的“流淌的歌声”节目的老听众。五六十年代那些激励我人生的歌曲，在其他节目里已很难听到，所以我只要有空，总会打开收音机收听您的节目。

祝愿“流淌的歌声”节目能吸引更多喜爱音乐的听众。

—— 詹家旭

尊敬的海苏老师：

我与妻子都是“流淌的歌声”节目的忠实听众，你播送的音乐题材正是我们这些四、五十年代群体所喜欢的。边做家务，边收听节目，随着音乐舞动，心情十分愉悦。

尤其是听到金曲雅韵这个新版块，感觉非常好，更丰富了节目的内容，希望在今后能听到如琵琶、唢呐、巴乌、马头琴、二胡、古琴等更多的金曲。

—— 任志宝

海苏老师：

我每天都收听您主持的“流淌的歌声”节目，您的主持风格亲切感人，播放的歌曲振奋人心。我边做家务，边开着音响收听节目，心情愉悦，感觉很幸福。

在节目中的生活小常识版块，我认真记录着您播送的各种养生小偏方及生理心理健康的小常识，这本笔记需要时翻翻看看相当实用。如有同事邻居有什么身体不舒服，我马上就会请教这本“老先生”。这真是一档非常人性化，深受百姓喜爱的节目！

—— 张龙英

海苏老师：

我是“流淌的歌声”节目的忠实听众，每周至少有四天会聆听你主持的该档节目。我不想用赞美的语言来评判你的节目，只想对你说：“我喜欢你的节目！”

—— 王康铭

海苏老师：

非常感谢您！是您的节目让我每天都拥有二十岁的心情。尽管我已六十多岁，可照样活跃在社区宣传队，在为社区居民，为敬老院的父辈们送去欢乐的同时，自己也收获着幸福！

—— 章兰英

海苏老师：

听您主持的“流淌的歌声”节目几年如一日，您的主持风格平易近人，解说深入浅出。每天尽情享受着这样丰富的精神食粮，使我的退休生活充实而快乐。

—— 戴国培

海苏老师：

听众对您主持的“流淌的歌声”节目恋恋不舍，这也反映出您的人格魅力，说明您的形象在听众心中所处的地位是相当有份量的！

—— 李崇德

海苏老师：

我是一名南通的听友，每当我到上海出差，都会打开收音机收听你的节目。我认为有些声音，可以改变人的情趣；有种声音，给人带来无限的深情和诗意；在表达对您的敬意的同时，真诚的祝愿您的节目越办越好，让天下更多的人了解和知晓“流淌的歌声”。

——范义祖

海苏你好：

看到你的回信我很开心，有你在天空中陪我，我天天心情开心，你的声音一直很好听，947改编以后我觉得越来越好。

——小 贤

听众冯扬在春节里寄给我的贺卡里写道：窗外尽管不能保证天天有灿烂的阳光，但听着您主持的节目，让人有亲近阳光之感，每天能听到您的节目真好！听众玥玥在@经典947海苏网络回复中说：海苏阿姨，天热了，您自己注意身体防暑哦，大家谢谢你。甚至有的听众居然还因为我为大家的服务送来了粽子——感谢你，我很感动，立即回复：“谢谢您，在直播时吃到您送的粽子太幸运了！不吃也高兴！”

我在“流淌的歌声”长期的采、编、播中形成了一档以经典民歌为主，通俗歌曲相辅的经典歌曲节目，内容包括传统民歌、影视歌曲、军旅歌曲、新歌推荐，生活小常识、短信点播、网络互动以及部分外国古典歌曲和器乐曲等。节目贴近听众，极大地满足了广大听众对于老歌和民歌的欣赏需求，短信点播、网络互动拉近了我和听众的距离，满足了听众朋友的需求，深受听众的喜爱，听众朋友亲切地称呼我为“真情贴心主持人”。

在10年主持“流淌的歌声”的工作中，我始终认为：如果心目中没有听众，就是一张白纸。心中有听众，就有一种亲切感。贴切、乐意、性格开朗形成了我独特的主持风格。我以自己的行动、感悟来感染听众。无论时间的变化，“流淌的歌声”节目的收听率都位居日播榜第一。低调、善良、勤恳工作作风得到了听众对我的信任。在主持的过程中也遇到过很多挫折，但对音乐的执着让我始终坚持自己的信念，相信自己的梦想总会实现。

三

上海东广的宗旨是，本着“服务市民，以人为本”的宗旨，在内容的广度、深度、关联度上下功夫，充分体现“贴近实际，贴近生活，贴近群众”的原则和本土化特色，成为城市市民的“信息超市”。在进入新世纪后，东广人自有新的追求，东广经典94.7“流淌的歌声”栏目自2004年建立后，认真履行上海东广的宗旨，以强大的网络媒体优势，以青年学生及广大中老年听众为主要受众，以个性鲜明，特色突出，丰富多彩的全新节目为听众提供更加真诚的服务，以伴随广大听众度过一个有收获的一天，在服务中创造“真情服务”的品牌，并在创新服务品牌后，将品牌视为工作的动力源泉。

最近，我打开2012年时对“流淌的歌声”的回顾总结，看了后许多往事不禁浮现在眼前，许多动情的感慨也不禁油然而生。当时对“流淌的歌声”作了前后两个方面较为完整的概括。第一个方面，从2004年到2011年，“流淌的歌声”既是东方广播经典94.7的名牌栏目，也是经典94.7唯一一档中国民歌、老歌节目；不仅是一档中国民歌、老歌节目，也是群众基础最扎实，社会影响最广泛的一档节目。自开播8年来，如前所说一直深受听众的喜爱和赞扬。“流淌的歌声”的成功可以归结为三点：一是宣传、推广民族音乐，普及音乐知识，极大的满足了广大群众日益增长的文化需求。二是贴近生活，通过《生活小常识》《相约夕阳红》《为您服务》等栏目，及时与听众分享各类生活服务信息，养生保健知识，真正将以人为本的核心理念融入到节目中。三是发挥教育引导作用，充分利用播放经典红歌等各类主旋律歌曲，配合开展爱国主义教育，将社会主义核心价值观深化到意识形态中。“流淌的歌声”还特设短信点播，网络互动，强化为听众的服务；增设《主题歌曲》和《军旅之歌》小单元，通过歌曲的形式认真履行党与人民喉舌的核心职能。

第二个方面，2011年，根据“走转改”精神，以“走基层”为起点，“转文风”为契机，“改作风”为载体，确立“三贴近”的工作作风，拉近同群众的距离，增进与群众的感情，丰富广播事业采、编、播的生命力。我从长期的广播工作时间中也深切感到，过去，往往是主持人高高在上向受众播出节目，我播你收，我讲你听，人民群众对我们的播音工作满意不满意，有什么需求，我们往往不清楚。因此，我们应该走入到听众中去，才能知道听众需要什么，才能按“服务市民，以人为本”的宗旨把“流淌的歌声”专栏进一步办好。同时，我在播音中十分注意不断改进播音的语音、语气，改变用新闻方式的平直口气播音，而是注意压低声调，像拉家常一样和听众朋友交流，在广大听众眼里，我就像一个大姐，一个妹妹，一个亲近的小辈，受到大家的欢迎。“走转改”像是吹来的一阵清风，成为我们“深入生活，扎根人们”的新的起点，成为我们以“三贴近”的工作作风继续办好人民广播事业的倍增器，也成为我继续办好“流淌的歌声”音乐专栏节目的新的动力。

“流淌的歌声”栏目在贯彻落实“走转改”精神中，按照电台把广播办出去的要求，每年，栏目组到广大听众中举办听友见面会、小型听友聚会座谈、主持人与听友见面，深入老百姓中填写群众音乐广播回馈表等。通过从电台走出去，到人民群众中去采撷民意，根据民众的需要和个性化需求，主动了解听众的需求，从而更好的更有效的为广大听众、用户服务。

2011年以来，在完成两个小时直播节目后，“流淌的歌声”栏目为了深化拓展节目的社会功效，开展了一系列社会反响强烈、群众参与互动的大型活动。最为突出的、最为踊跃的是三年前举办的红歌赛、军歌赛。在红歌赛前，我们开办了《怎样唱好红歌》音乐课堂。在“浦东新区上钢新村街道”、“虹口区曲阳街道”、“上海女企业家合唱团”、“宝山区淞南‘阳光之家’”、“青浦监狱”等地就“怎样唱红歌？”举办系列讲座，获得了广泛好评。一些社区居民说：“海苏老师的讲座更多地是通过深入浅出讲解，边讲边唱，我们很爱听。”记得那一年唱红歌时，我来到了上海女企业家合唱团，这是一支100多人的团队，她们定时请老师来排练。那时我也去了，帮她们排练，教她们怎么发声，怎么演唱，怎么样吐字、归音。我觉得两小时的排练后，她们有了很大的进步。“流淌的歌声”栏目举办的《怎样唱好红歌》音乐课堂，获得广泛好评。“女企业家合唱团”每次有音乐讲座，市北中学音乐教室就座无虚席。许多女企业家说：“海苏老师带我们练声，她讲授的声乐发声法，对我们很有启发。”“通过近来不断聆听经典947系列讲座，为我们提供了很好的学习平台，也使我们向往更专业、更高层次的音乐境界。相信音乐讲座对合唱团的演艺一定有很大帮助，因为我们太陶冶了。”

2011年，在建党90周年之际，“流淌的歌声”栏目在全市的浦东新区上钢街道、宝山区的淞南“阳光之家”、虹口区的曲阳街道、杨浦区的延吉街道、黄浦区的五里桥街道、打浦街道六个社区举行了社区里的红歌手《我爱唱红歌》的歌唱大赛，通过比赛取得可喜成绩，深受好评。

| 走进播音 走向听众

2012年8月1日是建军85周年，是中央关于中国人民解放军各部队同驻地人民群众共同开展社会主义思想建设和文化建设活动重要决策30周年，也是喜迎十八大顺利召开之年。为深入贯彻落实十七届六中全会精神，牢牢把握先进文化的前进方向，积极探索新形势下军民共建活动模式特点，坚持为人民服务，为社会主义的服务方向和百花齐放，百家争鸣的方针，2012年6月上旬至7月底，“流淌的歌声”栏目联合全市虹口、徐汇、长宁、宝山、杨浦、闵行、静安各区8个街道，推出东方广播公司经典94.7《流淌的歌声——军歌大家唱》大型歌唱比赛活动，受到了社会的广泛赞誉。

在通过各赛区海选，初赛，复赛和半决赛后，于7月28日在上海音乐学院的贺绿汀音乐厅举行总决赛。赛前，上海武警总队国旗班的战士们为大家进行队列表演，同时，军旅青年歌唱家敖长生现场演唱《小白杨》《咱当兵的人》等。“流淌的歌声”栏目充分利用社区群众文化基地的优势，积极调动广大唱歌爱好者的参与性、延伸性，发挥我公司上海市拥军先进单位模范作用，组织优秀社区歌手下部队慰问子弟兵，促进我台军民共建再添荣光，精神文明建设再上台阶。

通过红歌赛、军歌赛让喜爱唱歌的百姓有了展现他们才艺的舞台，通过广播送出了他们的歌声，传播着一种正能量。民族音乐是民族的根、民族的魂。将民族音乐确立、安排、体现在“流淌的歌声”内，就是要以发扬民族文化为主旋律，与群众相结合，促进和谐。喜爱这档节目的广大中老年听众是我们社会最稳定的基石，我们的广播电台通过音乐贴近百姓，发挥中间力量，让我们的民族传统文化得以弘扬，让我们的社会政治环境更加和谐。

为了让经典音乐进大墙，我走进青浦监狱，为服刑人员上音乐理论课，讲怎样欣赏音乐，教他们呼吸、运气、吐字、归音，当我教唱一首《爱我中华》时，全场人员全神贯注听着我的吐字及发音技巧。

“长亭外，古道边，芳草碧连天，晚风拂柳笛声残，夕阳山外山……”临走前，当我唱起这首《送别》时，两千多名服刑人员（场内一千多，还有一千多在监室收看闭路电视转播）不约而同站立起来，大家随着我一起动情地唱了起来，千余名男同志聚合在一起的浑厚男声部，给了我一种意想不到的震撼，而其中透出的无奈、悔恨、悲怆和希望，也从那浑厚的歌声里宣泄而出，那场面让我感动得眼泪夺眶而出。当我讲完课，场下掌声不断。监狱的领导对我说：“海苏老师，我们做了一年的思想工作还不如你们一小时音乐辅导课起到的作用大。”为了大墙内的服刑人员早日走向新生，我从那一刻起，决心要为他们服务，虽然他们是服刑人员，但他们同样有人格，他们将来出狱后同样要融入这个社会，同样是构建和谐社会的一部分。我们广播宣传工作者有这个责任为他们重新做人服务，为他们融入和谐社会早作准备。以后，每一、两个月我都会去为他们辅导、上课。从音乐的角度去感化他们，激励他们努力改造。这一切对我们主持人来说也是个学习和锻炼的过程。我的努力没有白费，换来了令人欣喜的回报。大墙内的服刑人员不久便成立了一个艺术团，排练了一部非常感人的音乐剧《心狱》。继而又成立了广播站，广播站的首播是我和服刑人员一起主持的。我与部门音乐编辑一起制作的专题音乐节目《大墙里的音乐》获得了上海市政府二等奖。

习近平总书记说：“文艺不能在市场经济大潮中迷失方向”，“文艺不能当市场的奴隶，不要沾满了铜臭气”，总书记的谆谆告诫发人深省，引人深思。只有坚持社会效益第一，社会效益和经济效益统一，着力在思想上提炼、艺术上锤炼、制作上精炼，打造能够启迪思想、温润心灵、陶冶人生的精品力作，才能获得艺术认可、市场欢迎。我想，我们人民广播事业同样如此，深入生活，扎根人民，开拓创新，服务人民，坚持社会效益第一，我们的广播栏目才能收到广大听众的欢迎，我们的工作才能取得不断进展、创新和成功。

四

至2014年，“流淌的歌声”已播出十年了。十年，在历史上算不了什么，只是倏然一现，但在人生中却是一个不小的时段，在我的音乐节目播音生涯中，这十年更是一段难忘的岁月。岁月如歌，歌声流淌，在这十年岁月歌声的流淌中，释放着我贴近群众，以创新思维把群众音乐栏目办好的热情，凝聚着我和听众朋友们在互动中结成的深厚感情，传递着大家对弱势群体，需帮助的特殊群体的关切和爱心，涌动着我为民服务的快乐、自信和荣耀。十年中，有许多感人的故事令我至今难忘。

大众出租车公司五分公司的爱心的姐朱祥凤是一个乐于奉献的共产党员，也是“流淌的歌声”的忠实听众。2010年上海举办世博会期间，公司车辆出租任务重，出单多，为了服务世博大局，她不顾自己身体不舒服，仍然坚持工作，每天开着世博车迎送中外乘客，直到有一天实在支持不住倒在车旁，经检查才知道自己不幸罹患脑瘤，2010年10月住进中山医院施行手术切除。朱祥凤是一位要上进的的姐，在住院动手术前她刚好是中共预备党员转正的一年。作为一名班组长，她关心组员，提醒组员在世博园区外多载客，为及时疏散参观游客起到了积极的作用。在开世博车期间，她最能吃苦，工作日几乎每天早出晚归，一直干到自己倒下躺在病床上。昂贵的治疗费让朱祥凤一愁莫展，而她膝下有一位二十岁的儿子正在读大一，需要支付一笔不小的学费，由于不出车，没有收入来源的朱祥凤，家庭经济一下子陷入困境，变成了一个名副其实的特困户。我得知后，非常同情这位大众的姐遭遇到的贫病交加的困难，我决心要帮助她，不仅自己要出力，还要充分发挥广播媒体的优势，让社会上更多的人一起来帮助她。当我把爱心的姐、共产党员朱祥凤服务世博的先进事迹和罹患重病的困难在上海东方广播电台经典94.7“流淌的歌声”节目上播放后，社会上引起很大反响，朱祥凤接受到许多热心人的帮助捐款。一位乘坐在的哥杨红生车上的上海大学平面设计系姓封的大学生和一位姓殷的先生在车载广播“流淌的歌声”节目播出中获知朱祥凤的事迹后，立即将50元和35元的找零委托的哥转交给朱祥凤。当杨红生收到乘客捐款后毅然放弃营运，立即驱车直奔朱祥凤位于上海市北区彭浦新村的家中，及时将乘客的爱心捐款送到朱祥凤手上。虽然这只是区区几十元钱的爱心捐款，但涓涓细流同样代表了社会上热心人乐于助人的一片真诚，同样令人感动。有的网友发来短信：朱祥凤有这么多关爱她的好心人帮助，相信她一定能战胜病魔，度过难关；愿这位的姐早日康复，也祝愿两个孩子学业有成，不辜负社会及家庭给予的期望。

朱祥凤术后恢复的情况如何？我一直惦念和牵挂。我和《上海出租汽车》报写作班的全体成员及纷丝听友铁杆四姐妹多次通过电波为朱祥凤送祝福，祝愿她好人一生平安，早日康复。与社会上其他许多热心的人爱心祝福合成一股暖流缓缓地流进朱祥凤的心田，温暖着她的心。快过年了，我决心要去看望朱祥凤，说实话，当时我工作很忙，但想到爱心的姐有难，一种要到她身边送去关怀和安慰的愿望强烈地占据着我的心，我当时就感到那些忠实的听众就像自己的家人一样，朱祥凤在困难中最需要我们主持人出现在她的面前，去看望她是我的一种责任。2011年1月31日下午，我从繁忙的工作中抽空率领我们爱心粉丝听友团一行数十人前往朱祥凤家探视送温暖，陪同我一起去探望的有：大众出租五分公司员工、大众出租浦东服务中心员工、海博公司虹连车队的哥以及四位爱心听友。我们送上从超市买来的大米和食油，送上我们的兄弟姐妹情。我不仅为他们的孩子送上红包，还代表“流淌的歌声”栏目组为朱祥凤送去了一台收音机。朱祥凤手捧收音机心里非常感动，她说：“在我最困难最孤单的时候有‘流淌的歌声’陪伴我，我的心就像在黑暗里遇见了阳光，对以后的生活充满信心。朱祥凤一家对东方广播电台‘流淌的歌声’爱心接力组表达了最挚诚的感谢！也感谢热心的听友，感谢同事和的哥的姐们的爱心。”

这一切爱心行动深深地感动了朱祥凤和她的家人，为表谢意她与家人专门定制了一面锦旗，要送给上海东方广播电台。2月16日下午，朱祥凤和她的的哥的姐们冒雨专程驱车前往广播电台。手术后的朱祥凤因视力模糊，发短信有困难，就委托同事许志立给我发短信点播，请我播放一首《感恩的心》歌曲，送给我和经典“94.7”音乐频率全体编播人员，送给《上海出租汽车》报写作班的全体成员，送给粉丝听友铁杆四姐妹，送给社会上曾经帮助关心过她的善良的人们。下午，在他们前往广播电台的路途上，当我播放的《感恩的心》的歌曲那优美动听、催人泪下的歌声从车载收音机里缓缓流淌出来时，人间的真情和大爱顿时溢满了小小车厢，也溢满了朱祥凤的整个心房。正如歌声里所唱的那样，“感谢有你伴我一生，让我有勇气做我自己。”此刻，爱心的姐朱祥凤同样怀有一颗感恩的心，坚定了自己“要苍天知道，我不认输”，要战胜病魔，战胜伤痛的信念。2月16日下午，当上海东方广播电台办公室蒋存辉先生代表电台领导双手接过朱祥凤一家人呈上的这面锦旗时，锦旗上二行遒劲的大字——“流淌的歌声，流淌的爱”吸引了大家的眼球，这道出了爱心的姐朱祥凤及其家人的心声。

当时，我刚下直播室，我执意让他们在会客室等我，我放下案头工作，一定要面见朱祥凤后才放心。我微笑着向他们走去，将他们一行人领进广播大厦温馨的咖吧，请服务小姐为他们倒上冒着热气的香茶和奶咖，为他们驱赶早春二月料峭的春寒。我仔细地询问朱祥凤术后恢复情况，当听说朱祥凤现在每天都会准时用我代表“流淌的歌声”送给朱祥凤的球型收音机收听“流淌的歌声”节目时，一种发自内心的欣慰的微笑舒展在我的脸庞，我感到并想象得出，那一定像灿烂的阳光般的微笑。此刻，广播大厦会客室的窗外正下着淅淅沥沥的春雨，天气有点冷。然而，室内空调机吐着热气很暖和，长沙发上我紧挨着朱祥凤坐着，亲热地嘘寒问暖，并对朱祥凤说：“日后生活上如碰到困难别不好意思对海苏姐说。”这世界总有一些人、一些事可以在不经意间深深地打动你。我突然发现，两行晶莹的热泪顺着朱祥凤的脸颊潸然而下，令在座的听友们无不动容，而我的内心也同样涌动着人间爱心传递的阵阵暖意和感动。

2015年，我又想，能否为老年人服务，走入敬老院、福利院，为老人们慰问演出。不能让那些无助的老人们留下遗憾。为了把爱心延续下去，为他们的服务要影响到更多的人，要恒久的坚持下去。想到我们将来也会老的，我们现在就不能高高在上，而应主动走到他们中间，这样，才能和老百姓的心贴得更近。

2015年4月27日，我带领由20位志愿者组成的“上海东方广播中心经典94.7‘流淌的歌声’爱心听友慰问演出团，”来到闵行区福禄寿敬老院，为400多位老人演出了一台节目。

2015年4月29日，我们又去了大华敬老院为老人们演出。

2015年5月18日上午，我们来到了上海黄浦区大众养老院。那天正逢下大雨，爱心听友慰问团的成员们各自从虹口、闵行、静安、浦东赶来，为那里的老人献上了一台演出，大家满怀热情地为老人们表演男女声独唱、二重唱、小组唱以及京剧、沪剧、舞蹈、葫芦丝演奏和诗朗诵等节目。他们的表演为老人们带去了慰藉和欢乐。在黄浦区大众养老院院，恰逢院方要为5月份过生日的老人祝寿，演出结束后，团员们和院领导与市慈善基金会的志愿者们一起为过生日的老人们点燃生日的蜡烛，切生日蛋糕，同唱生日歌，共同祝愿老人们健康长寿。他们的爱心温暖了老人们的心。

2015年5月18日下午，回到本文开头一幕，我们又赶到了莘庄镇养老院。这是一个由镇政府办的敬老院，那里住着四、五百位老人。正巧我的一位老听众也住在这里的5楼35床。我带了几位爱心听友来到了病房，看见了躺在病床上的钱水芳。这位老妈妈与我有好多年的交往，之前的最后一次与她见面是在上海大厦举办的听友见面会上。钱水芳告诉我："因前些年的一次事故就不能起床了，因此比较痛苦。"平时我与她的沟通都是在电话中，因为每周二的下午一点到两点，我都会在直播室接听听众的点歌送祝福，她经常打电话来。她曾在电话中对我说："我没有什么遗憾。海苏老师，在我临终前想见你一面。"我听到这话以后，觉得听众真的把我当作亲人，那么作为我来说，还有什么做不到的事呢？当我看到钱水芳，她非常地激动，我坐在老人的床前，俯下身子，老人紧紧地握住我的双手，拉起了家常，聊起了知心话。老人对我说："我虽然瘫痪在床，不能下床去看你们的演出，但我们能一起唱首歌吗？"我说："可以啊！"她说："唱首《解放区的天》"，当时我心里楞了一下，怎么想起唱这首歌？哦，我想到因为这首歌里有：共产党的恩情唱不完……这是一首赞颂中国共产党、赞颂人民的歌曲，这也是发自老人内心的心声。当老人用略带颤微的声音唱起这首歌的时候，我们在激动中禁不住和老人同声抒情，我与爱心听友与钱水芳一起在病房唱起了这首歌，此刻，引起了在场所有人的感动和共鸣，场面十分感人。当时我是泪流满面，她也在不断地抽泣，所有的听友也都流下了感动的泪水。钱水芳老人说她的心愿了了，我想，我的心愿也了了。

当我们演出完，敬老院的领导对我们说："你们演出的真好！以后你们有机会多多到我们这里来。"我觉得我们成功了！其实敬老院的活动，非常有意义。尽管一天的演出十分辛苦，但大家都感到非常值得。因为老人们需要爱，社会需要爱，世界需要爱，就像歌曲中所唱：只要人人都献出一点爱，世界将变成美好的明天。我真的很愿意带上我们这个爱心团队，有空去敬老院为他们服务，为他们演出，做点应该做的事。虽然外面下着大雨，但是大家的心都是暖暖的。

“深入生活，扎根人民“，真的是有一种神奇的力量，在贴近人民，和广大听众朋友的直接交流中，我真切的感到，只要我们播音工作者做一个“真情贴心主持人”，广大群众就会把他们的真情回报给你，他们纯朴的情感就像一股暖流久久的在我心中涌动。

2012年12月29日上午，我们在上海虹口区宝丰联大酒店举办一场“经典94.7—流淌的歌声”答谢暨听友见面会，350位听众冒着严寒从城市的四面八方赶来，礼堂内座无虚席，歌迷们欢聚一堂。那眼神对眼神的问候，心灵与心灵的沟通，真诚在微笑中荡漾，友谊在牵手中传递，给人留下了难忘的印象。见面会现场，特设了听众问卷调查环节，节目组通过这种方式了解听众有什么爱好需求，喜欢听哪一类歌曲，最喜欢哪一类版块，哪一时段……

见面会上有听众上台演唱经典老歌，有的歌迷演唱自己在《军歌大家唱》比赛中的获奖歌曲，还有老听众毛遂自荐兴致勃勃地上台和我对唱，博得了大家的阵阵掌声与喝彩。作为经典947音乐频率的副总监陆明女士，也被我盛情请上台讲话。她感谢听众们在寒风中赶来参加见面会，感谢听众们对节目的大力支持，有听众们的广泛参与，是办好节目的最大动力。

陆总监还表演了多个拿手节目。

见面会上还穿插着各种奖项的抽奖活动，奖品有碟片、红酒、经典947频率节目主持人及栏目介绍宣传册、星广会精美书签及星广会新年第一期音乐会入场门票等、精美的歌谱书籍等。与节目和音乐有关的礼品有七，八种之多，奖品的数量及中奖的比例也很高。众所周知即将到来的新年2013年是蛇年，凡是生肖属蛇的听众凭有效证件还可以领到一条蛇的玩具礼品，让大家乐开了怀。这里所有奖品都是我自费办理的。第一位被我请上台抽奖的听众是何心德先生，他讲了自己与癌症抗争的经历，并决定在去世后，捐献全部人体器官。这份大爱感动了全场听众。上台抽奖的听众在抽出奖项的同时，都表达了同一个心愿，希望来年的节目越办越好。

当我以节目主持人的身份唱着一首《我爱你，塞北的雪》走下舞台时，听众们都争着与我相拥，会场的气氛热烈感人。残疾人王万能和听众“三姐妹”为我送上锦旗，上书：“八年的历程八年的辉煌”“流淌的歌声我们的心声”，这其实也代表着所有热爱“流淌的歌声”节目的听众和我们主持人、工作人员的心声。见面会结束时，听众们争相走上舞台，与我一同唱响《同一首歌》……那融入真情互动的歌声在人们的心中流淌，那化作理想追梦的歌声在蓝天下激情飞扬！

我做广播工作的主持人二十多年，特别是十年多担任“流淌的歌声”节目主持人的经历，使我有许多感慨可以挥洒，有许多故事可以回眸，有许多经验可以总结，而“走进播音，走向听众”可以说是对我播音生涯最简单，也是最高度的诠释，在播音工作中只有“走向听众”，才能找到正确的工作方向，只有“走向听众”，才能和人民群众紧紧的地结合在一起，展示在我们面前的人民广播事业永远是——向上！

站在历经二十多年的广播生涯的新的起点上，习近平总书记在文艺座谈会上的讲话不禁在我耳边响起：“文艺工作者要想有成就，就必须自觉与人民同呼吸、共命运、心连心，欢乐着人民的欢乐，忧患着人民的忧患，做人民的孺子牛。对人民，要爱得真挚、爱得彻底、爱得持久，就要深深懂得人民是历史创造者的道理，深入群众、深入生活，诚心诚意做人民的小学生。艺术可以放飞想象的翅膀，但一定要脚踩坚实的大地。文艺创作方法有一百条、一千条，但最根本、最关键、最牢靠的办法是扎根人民、扎根生活。应该用现实主义精神和浪漫主义情怀观照现实生活，用光明驱散黑暗，用美善战胜丑恶，让人们看到美好、看到希望、看到梦想就在前方。”

习总书记的这段话说得太好了，这也是我们广播事业工作者的使命和担当。我曾经有一张在野外伸展双臂昂首蓝天的照片，叶川老师为这张照片配了一首小诗："就像一只小小鸟，飞向一个温暖的怀抱，我也要，张开双臂，展翅，昂首蓝天，向上。"流淌的歌声"，传递着快乐无疆，永远的电波，把真情送到千万家。放飞我的梦想，是上海广播给了我向上的力量，哪怕风雨兼程飞翔，我心中依然充满阳光！"这首小诗既是对我的肯定，更是对我的激励。是的，在我们以后的工作中还会有许多新的困难需要我们去面对解决，还有许多新的问题需要我们去创新开拓，我想，只要牢记习总书记"深入生活，扎根人民"的讲话精神，用牵挂的心想到人民，用自觉的行贴近人民，用务实的事惠及人民，用火热的情连着人民，我们就一定会汲取不断向上的力量。

我与"流淌的歌声"的结缘

沈嘉麒

流淌的歌声"这个节目，给人以岁月的钩沉，心灵的启迪之感，每一次听来，总使人有着不一样的惊喜和感动……她所播放的每一首歌曲几乎都是精品，她所播放的每一条旋律都十分动听，叫人为之钟情。

我是在2007年7月的某一个偶然的机会，听到了东广经典94.7（FM94.7）频率"流淌的歌声"这个节目的。我也曾经是一个军人，特别是在听到《军旅之歌》那雄壮的歌声，听到了一些听众朋友所讲述自己的从军故事之后，顿时点燃了我久藏心头的对军旅生涯的无限眷恋。于是，我就此和"流淌的歌声"结了缘。是年8月1日这一天，我第一次在东广经典94.7（FM94.7）频率"流淌的歌声"主持人海苏老师的博客里，写下了我的留言。以后，我又在海苏老师的博客里，发了一些祝福语及点歌的留言。结果，在2007年12月12日下午的1点50分，"流淌的歌声"主持人海苏老师，通过她的电子邮箱，给我发来了一封《邀请信》。信的内容是："听众您好，现在有个好消息，本月23日（星期日）下午1点30分在上海大厦举行老歌听众见面会，现诚邀您参加，请通过邮件的方式于近日发送个人姓名、地址、邮编、索要票数到该邮箱！谢谢！海苏/艺博。”我收到《邀请信》之后，就立即回复了一封电子邮件，我在信中最后是这样写的：“再次谢谢你们的邀请。祝你们节目越办越好，成为听众喜爱的特色栏目！忠实的老听众：沈嘉麒（路岐）”以后，我又在圣诞节前夕，给海苏老师发去了一封节日的祝贺信：“海苏、艺博：你们好！值此圣诞节来临之际，首先我以最诚挚的心，祝愿你们和你们的家庭拥有幸福、安康！”

2007年12月23日下午，我大约在一点三十分前，到达了上海大厦。“老歌听众见面会”开始前，报到的听众相当多。海苏老师在门口，忙着接待来宾。于是，我就开始拍摄这次活动的照片。我从下午两点开始拍摄，一直到四点五十分结束。此时，海苏老师请我留下来晚些走。因为她要与我再说说关于明年“流淌的歌声”节目的设想。同时，也想听听我的看法。然而，我们还没有谈上几句话，就来了五六位女听众，要与海苏老师说说话。最后，在海苏老师的建议下，她们就与海苏老师留了个集体合影。最后，也因时间已经到了下午5点多了，我就告别了海苏老师回家去了。

虽然，这天与海苏老师见面后，坐下来谈的时间并不长。但是，我们交谈得还是很投缘的。从我们之间的谈话中，知道了海苏老师是我在部队里一位老首长的女儿。她从十三岁起，就进东海舰队文工团，是一名独唱演员。后来，就转业到广播电台来，做了音乐节目的主持人。

“流淌的歌声”这个节目，是我们音乐爱好者的一个心灵港湾，在上海这个繁华嚣闹的都市里，她让我们找寻到了一方难得的音乐中的宁静。“流淌的歌声”，就像小河里流淌的水，她有着清晨露珠般的清澈，有着如梦如幻般的朦胧。听着她，让我们进入了一个心境如梦的境界；听着她，就好像把我们送入了一次奇妙而难忘的旅程；听着她，就犹如使我们进行了一次心灵启迪的体验……

后来，由于我担任了浦东新区老年大学常务副校长工作之后，就再也没有时间去收听“流淌的歌声”这个节目了。虽然，久别了这个节目，但是，在自己的心里，还是常常牵挂着她的。2010年的1月27日傍晚刚过五点三十分，我突然接到“流淌的歌声”主持人海苏老师打来的电话。她说：“刚刚做完节目回到家，就给你打电话。”她说：“明天晚上，你有没有空？”我问：“有什么事？”她说：“一是为了今年春节节目，要录一些听众送出的节日祝福和点歌。另外，许久没有碰头了，想请大家来聚聚，听听广大听友的意见。”我回答说：“行啊！我会准时到的！”

1月28日傍晚刚过四点四十分，我就来到了水电路上的情岛酒家，看到了“流淌的歌声”主持人海苏老师，经过海苏老师的介绍，我又认识了几位新听友。于是，先来的几位听友（包括我在内），就开始忙着录制节日祝福和点歌内容。那天听友聚会结束后，我大约在晚上九点半回到家。29日一早，就有听友石伟娟给我打电话，叙述了她昨晚会见众多听友的感想。是啊，“流淌的歌声”，既是我们生活中的一个快乐驿站，也是我们生命中心灵启迪的一个平台。

这次听友聚会上，有几位新听友给我的印象特别深。如：吴昌华、石伟娟、沈志兰、曹江玲、胡剑莉、王瑞芳、沈梅珍、王万能等等。在我到达后，首先进来的是一位名叫王万能的听友。后来，经海苏老师介绍：这位名叫王万能的是位双手残疾的听友。但是，他身残志不残。通过他的刻苦努力，不仅能生活自理，而且还学会了用电烙铁烙画，并且自己还开画廊经营。而他的烙画，已达到了一定的艺术水平。那天，他参加听友聚会特地拿来四幅电烙铁烙画送给海苏老师和其他听友。大家看到一个残疾人能画出这样一流水平的电烙铁烙画都十分感佩。

在听友聚会上，我还认识了一位名叫沈梅珍的听友。她是上海大众出租气车公司的女司机，是“流淌的歌声”这个节目的铁杆粉丝。她曾在《我与电台经典94.7的故事》博文中，这样写道：“作为一名出租车女司机，由于工作的特殊性，在小小的车厢里，电台广播成了我工作中的伴侣。2004年一个偶然的机会，在电波中我与经典94.7相遇了。从此，我爱上了94.7，成了94.7经典频率的忠实听众。每个工作日，我从黎明出车到披着星光收工，我的收音机指针，始终都停留在94.7频率，几乎不移动。”她还这样写道：“94.7的经典音乐，为我打开了通往古典音乐之门。欣赏古典音乐，我是门外汉。通过聆听经典94.7，如今我已能区分门德尔松与瓦格纳的《婚礼进行曲》、贝多芬与莫扎特的《土耳其进行曲》、巴赫与舒伯特的《圣母颂》、海顿与舒伯特的《小夜曲》等等。经典94.7，就像施特劳斯的圆舞曲，带给我每天的阳光心态与快乐心情，给了我一个激情飞扬的精彩人生，我将一生与之为伴！”

“流淌的歌声”，流过历史长河，淌过悠悠岁月；流过大江南北，淌过中外古今。她涌起了我们心灵的潮汐，激起了我们生命的浪花。她流淌着曾经的岁月和现在的我们的激情，她积淀着广大听友们的挚爱，她引领着中国大众音乐的潮流，奏响了当今追梦时代的音韵。和“流淌的歌声”一路同行，就像是一次浪漫的激情之旅。在这滚滚红尘中，她使我们寻觅到了一片如梦如幻的精神绿洲。

（作者原就职于上海海事职业技术学院）

我与“流淌的歌声”的情

陈惠康

每当我按时收听由经典94.7海苏主持的“流淌的歌声”栏目时，心潮澎湃、思绪万千，仿佛又回到了那激情燃烧的岁月。

我是一名退伍多年的部队文艺工作者，当年，在边疆的军旅生涯中，我一直热情地为战士们演出文艺节目，许多演出的场景至今仍在眼前浮现。回到地方后，我又把这种激情化作春水浇灌于地方基层文化土壤，培育基层文化成果。在基层文化建设中，我热衷于社区文化推广，参加辅导社区的文化艺术活动。多年来，我主动关心和积极参与基层文化工作，2006年，我毅然组建了“金秋管乐团”，丰富了百姓文化生活，推广了经典艺术，提升了市民文化素质，有效推动了社会的和谐建设。

在一次“流淌的歌声”栏目主持人与听众的见面会上，海苏高歌了一首《我爱你塞北的雪》，她那张弛有度声情并茂的演唱，潺潺流淌的歌声像清泉般洗涤我们的心灵；我还特别荣幸受“流淌的歌声”栏目的邀请，带领“金秋管乐团”在上海音乐厅为经典94.7听众见面会作迎宾演出。海苏和“流淌的歌声”栏目的活动安排，使我受到了很大的鼓舞和激励，也更加坚定了我传播音乐的美，进一步搞好社区文化建设的决心。

每当我收听这一栏目时，就像翻看一本书，就像聆听一段意味深长的故事，使人回味无穷，流连忘返。主持人海苏和经典94.7栏目的老师们，你们为我们这些生长在特殊年代的人送上了丰富的精神食粮，你们对我们“金秋管乐团”的认可和鼓励，是我和经典94.7“流淌的歌声”的一段难忘的情。子在川上曰：逝者如斯乎。虽然时间可以消逝，但却不会淡忘我们之间的不了情。

（作者原就职于上海市有色金属销售公司杨浦公司）

一位听友耳目中的主持人海苏

在东广94.7节目的大量听众中，我是热心的一个。自从退休之后，我保留了喜爱经典节目的习惯，专门买了一台高质量的收音机，只要在家就会把频道锁定在94.7栏目上、几乎是从早到晚。

在东广94.7节目的众多听友中，我算幸运的一个。多次参加诸如在上海大厦、东方艺术中心、贺绿汀音乐学院等举办的听友见面会活动，与多位主持人或编辑有过交往、通信、点歌、合影的经历。作为听友，依托着恒久的电波构建起彼此间的信任，我也很自然地成了主持人海苏的一个朋友。

初识海苏，是在电波中。她主持激情、播音甜

王树和

美，尤其是她的吐词没有那种地方口音偏重或翘舌卷舌难分的习惯，让我这个“老北京”听起来更顺耳；再加上她主持的节目内容是经典的通俗曲目，也符合我们这些老年听众的胃口，关注与喜欢听这档节目就顺理成章了。至于她在东海舰队文工团为部队演出的经历，和我在哈军工毕业后分配到国防科研单位为海军装备服务的过程又是如此的近似，为我们在节目中友情互动增添了重重的砝码，当然这是后话了。

经典94.7栏目的设置各有特色，因此每档节目的听众也不尽相同。海苏主持的“流淌的歌声”之所以成为人气较旺的栏目之一，除了播出的传统民歌、影视歌曲、军旅之歌以及有听众点播等内容会引起人们的兴趣外，主持人还从普通听众的角度出发的那富有人情味的点评也是一个重要原因。在播放完“的哥”点歌后，她会提醒司机朋友开车时要注意安全；当外来打工者要回家过年又对栏目恋恋不舍时，主持人会祝他们一路平安并欢迎返沪后继续收听；当父母为当兵的儿女点歌，海苏会为他们全家送上祝福、并祝愿新兵在部队茁壮成长；当有听众祝贺生日，她会像是自己过生日一样感到高兴。播送歌曲好听、主持平易近人，这就是为什么会出现听友见面会有那么多人要参加，争着抢着与主持人合影；逢年过节要给主持人寄贺卡；当兵的人在外执行完任务要急忙赶回营房收听《军旅之歌》；甚至连主持人出国、出差、休假“直播改录播”也会有听众大呼“不过瘾”等。上述种种，有一些是我听到的、有一些是我看到的，之所以逆习惯取题“耳听也为实”，就是因为海苏对待听众的情感是真实的、平等的，没有一点“主持人”的架子，她登门慰问遇到困难的“的姐”等事例就是很好的例证。

初识海苏在电波、首次交往也在电波。有一年“八一建军节”前夕我和几个朋友都很想听肖华将军的《长征组歌》，我负责联系后节目如约播出，没想到第一次点播海苏的节目即获成功，大伙都替我高兴并向她致谢。之后，我为朋友或校友合唱团点歌的机会也多了起来，我清晰地记得一次播完“人民海军向前进”后海苏那段激情地点评，令人热血沸腾；特别此刻她又接通了一个听友的电话，这位听友讲述了他的哈军工（即中国人民解放军军事工程学院，因在哈尔滨故简称）情怀及对军工人的热爱，这些不见面的互动可谓真情交融、难以忘怀。更令人难以忘怀的是，海苏为哈军工上海校友合唱团的发展也倾注了很多心血、做了大量的工作。

丨眼见为实耳听也为实

哈军工上海校友合唱团始建于2002年，成员多为在哈军工有过工作或学习经历的退休人员、年龄最大者80岁，我也是成员之一。出于难忘的哈军工情结和对合唱艺术的热爱，大家聚到了一起。我们每周排练一次，对外除了主要为校友联谊演出外，有机会也参加诸如上海国际艺术节、“志愿军一日”著作发行和赴哈尔滨为纪念母校60周年校庆等社会活动。不言而喻，合唱团的发展与各方面的支持是分不开的，这其中就包含着经典94.7和海苏的鼎力相助。有一次，从收听她采访驻沪海军某部的节目后得到启发，合唱团能否通过采访也在节目中亮亮相、进而鼓舞鼓舞大家的士气呢？！后来，我利用到虹桥路1376号参加老记协活动的机会到94.7栏目组拜访了海苏。初次见面，双方并不陌生，说明来意后，更是喜出望外。面对我这位情真意切的老者，她答应把我们合唱团演出的曲目放在《军旅之歌》版块播出，时间初定在建军80周年前夕。为加强宣传效果，她还准备安排一次录音采访。事情办得如此顺利真是有点出乎意料。更让我意想不到的是东广94.7栏目组成员个个都很热情好客，一个听友首次上门，居然就能和在场的陆明、小铃、海苏等一起合影留念，真的是很幸运！

消息传到团里大家在兴奋之余也有同志有些担忧：主持人那么忙、而我们的事却都安排在双休日。我替海苏打了保票，她说话坦诚、办事认真，关键是抓紧办好咱们自己的事。大伙认为在理，练节目的劲头也就更大了。我有个记事的习惯，不妨选择当时的几个主要时间节点，或许能说明点问题。

2007年4月28日（周六），上午10：00海苏来到练歌场地，采访、录音。

2007年6月30日（周六），上午10：00海苏再次来练歌场地，采访、录音。

2007年7月24日接海苏通知，7月31日（周二）下午4：30《军旅之歌》播放合唱团的节目。

2007年7月31日16：30“流淌的歌声”播出了哈军工校友合唱团演唱的四首歌（1）人民军队忠于党（2）歌唱井冈山（3）打靶归来（4）红色娘子军连歌、同时还播放了采访合唱团团长和艺术总监的录音。节目成功播出，大家的心情都很激动：面对一群退了休的老人，主持人却是如此的热心，利用休息时间、没有报酬不说、第二次来录音时自己的母亲还在生病……

电波里相识，现实中交流，让一名听众成了主持人的朋友；而相互信任与支持也使海苏成为合唱团的朋友——成员中收听“流淌的歌声”节目的人越来越多、有的还自称“粉丝”；但凡合唱团有重要活动，大伙都希望海苏到场、有细心者还会刻意地提醒团领导。确实海苏也不负众望，只要有时间总会如约光临，她给大家带来激情、带来友情、带来鼓励。例如2012年合唱团建团十周年庆祝会、2013年哈军工精神研究总结会等都给我们留下了深刻的印象。记得有一年合唱团的总结会是在总后03招待所召开，当天下午海苏冒雨前往，她以自己的经历为老人们练好合唱加油鼓劲，也为一些团员表演的节目给予以了耐心的辅导；大伙诚邀海苏留下用餐，她答应得很痛快。晚餐十分简单，就在招待所食堂吃饺子，没想到一顿家常便饭气氛却是如此热烈，就像久别重逢的战友又回到了当兵的那个年代……

合唱团的人把海苏当朋友，海苏同样不见外，把合唱团的事当作自己的事。每次参加完活动的播音，只要有空她总会热情辅导，为老人们打气。当然海苏主持节目所体现的亲民之情不单单只限于我们，她参加社区活动、参加军歌赛评选、参加听友见面会等，人人都能感受到她的那种亲切和热情。不仅如此，海苏还常常利用网络表达对这些老人参加“老有所乐”活动的赞扬，此处不妨摘选海苏的两段点评，以飨读者：“这张照片是哈军工校友合唱团在演出大合唱，他们中最大的八十、小的也六十多，这些国防战士激情四射、斗志昂扬，让我们大家把鲜花和掌声献给他们！”；“今天天气很冷，可是上海浦东辉煌马场非常温暖，这里汇聚了哈军工——国防科大上海校友，在举行合唱团成立十周年庆祝会，让我们举杯祝贺！”

海苏——“流淌的歌声”、“流淌的歌声”——海苏，这十年连绵不断的电波在听友的耳目中造就了一道亮丽的风景，二者仿佛成了同一个词。在我们祝福海苏的同时，真的要感谢该栏目的命名者的一段广告词：“让流淌的歌声沁入你我的心中，让优美的旋律陪伴您度过春夏秋冬。”是啊，这既是“流淌的歌声”栏目的工作宗旨，也是我们听友们的由衷心愿！

（作者原就职于中国船舶重工集团公司第七一一研究所）

海苏老师鼓励我学雷锋

金康生

我是一名大众出租车驾驶员，开车时喜欢打开收音机，与乘客一起听“流淌的歌声”，共享音乐给我们带来的愉悦，感受歌声带给我们的情感涟漪。

认识海苏老师，是从听“流淌的歌声”开始的。有一次，我在路上行驶，正巧遇上我们出租车一名女驾驶员沈梅珍也开着出租车，她走到我的车旁，听到收音机正在播“流淌的歌声”节目，就对我说，她认识“流淌的歌声”节目主持人。当时我还不信，有这么巧的事？只见她用手机当场为我点播歌曲，当收音机传来主持人海苏老师亲切的语音时，我被这亲切、动情的声音所吸引……从此，我不仅喜欢听“流淌的歌声”，也喜欢听主持人的播音。那声音，那话语既给人以关心，又给人以鼓励；既给人以温暖，又给人以激情。她就像一位鼓励我勇于面对困难的大姐，助力我在风雨中一路前行。

每天听“流淌的歌声”这个节目，如果你仔细听，就能听到许多“爱”的故事。2010年8月6日，我公司驾驶员蒋国华、丁雪敏在宝山淞南地区卡拉OK比赛中，分别荣获一、二等奖。我想请海苏老师帮我点播一曲《歌唱祖国》，向两位“的哥”表示祝贺。短信发出后，我的心忐忑不安，广播电台听众那么多，她能看到我发的短信吗？果然，节目中没听到我点播的歌曲。可没想到的是，第二天上班后，打开东广94.7收音机传来主持人那熟悉优雅的声音。她首先向我解释未播是因为那天要求点播的听众太多，还在广播中向我致歉。我感到一个节目主持人能够对一个普通听众这样的尊重，那么，她更能得到大家的尊重。这不仅在上海，如青岛的小黄毛，受多重疾病折磨，但她靠着海苏老师主持的“流淌的歌声”度过每一天；2011年1月31日，临近春节，我们大众出租公司驾驶员朱祥凤因患脑瘤成为贫困家庭，海苏老师上门慰问，不但送上粮、油，还送上慰问金；听众王万能失去双臂，平时常听“流淌的歌声”，虽然他双手残疾，但他手残志不残，通过他的刻苦努力，不仅能生活自理，而且还学会了用电烙铁烙画。在这里，我可以这样说：“海苏老师不仅是由这个节目的品牌来支撑，更主要的是她有一颗善于理解听众，心系听众的真诚的心。”

海苏老师那种雷锋一样的精神在潜移默化中影响着我，我作为“大众出租学雷锋爱心接力班组”的组长，能够感受到海苏老师的尊重人、理解人、关心人、帮助人、鼓励人，同样是一种学雷锋爱心接力精神的体现，在海苏老师身教言行学雷锋的鼓励下，我学着像雷锋一样做人。

有一次，有一位大妈领着小孙子去淮海路，一上车，她要求我将收音机调到东广94.7，我即按大妈要求调正到位，此时正好是海苏老师主持的“流淌的歌声”节目。车到目的地，大妈却还不下车，原来她在全神贯注倾听老歌《洪湖水浪打浪》。我望着淮海路车来人往的景象，与大妈商量是否将车转到思南路上，得到大妈允许后我索性停到思南路边，关掉发动机，与大妈一起欣赏这首老歌来了。原来这位大妈是曲阳社区业余歌唱爱好者，也是一位老歌迷，这次社区文化节，她要唱的就是这首歌。没想到碰巧在我出租车上听到，这下可好，到了目的地大妈她死活不肯下车，当一曲播完，大娘歉意地给我50元钱，说：“不要找了”。但我还是按计价器显示的36元收费。

因为有许多乘客喜欢“流淌的歌声”这档节目，从此，我将收听“流淌的歌声”与乘客的需求结了缘，在服务中我根据乘客的爱好与年龄有选择的收听广播。特别是对40至60岁年龄地乘客，大都能激起他们对激情燃烧的年代的回忆，而对于20至30岁的青年人，他们会感到新鲜，也会听得津津有味。

由此，乘客在出租车上收听这档节目，不仅给他们带来了快乐，也给我带来了许多快乐；乘客们对我的工作表示了肯定，也是对我的工作一种莫大的鼓励。

2011年1月31日，那天海苏老师去慰问大众出租公司驾驶员，而我却到新上海人马书柱的出租屋里，带着组员薛仁炎、丁雪敏、倪卫国一起，在他家做年夜饭，因为他儿子马粒之小朋友患“急性非淋巴细胞白血病”，这使他们本身就不富裕的家庭雪上加霜。30万元巨额手术费让这对夫妻直不起腰，当我们走进他的出租屋，发现连碗筷也没多余的。看到我从家里带来的餐具时，他们激动地哭了。这天，海苏老师为我和这对夫妻特地点播了一曲《好人一生平安》，以鼓励这一家人鼓起战胜困难地勇气。

海苏老师不但是一位主持人，还是一名热情的文艺传播者，他了解到我们常到淞南阳光之家做志愿者，而这个阳光之家还有一个文艺团队，就主动要求到阳光之家授歌，虽然很累，但很快乐。作为以点带面，海苏老师先后在淞南地区举办宝山赛区两届歌唱比赛，为提高当地文艺质量尽心尽力。如果说海苏老师是文艺上的一个范，我更可以说海苏老师是学习雷锋的一个范，她那不计个人利益，不顾个人劳累，满腔热忱为社区居民服务的精神正是一种表率。当海苏老师知道我与爱心班组的成员每年都免费为高考学生送考时，便主动为我们班组点播《隐形的翅膀》，我想，这正是海苏老师在鼓励我们学雷锋。

特别难忘的是，当海苏老师知道我被辽宁省抚顺市雷锋小学少先大队聘为校外辅导员时，特地为我与我的班组点播《接过雷锋的枪》，以鼓励我像雷锋那样爱憎分明，做一颗永不生锈的螺丝钉。

（作者原就职于上海大众出租车汽车股份有限公司市北公司）

春天的记忆在流淌的歌声里

杨红生

人们常常赞美春天，赞美春回大地时百花竞放的盎然春意，赞美春雷炸响时不同凡响的惊天动地，赞美春光明媚时阳光所带来的融融暖意。

春天曾经为我留下许多美好的故事，其中有一件事让我记忆深刻。那是2010年3月1日的下午，我开着一辆崭新的“TAXI”，载着《上海出租汽车》报的四位笔友，奔驰在前往虹桥路广播大厦的路上，大家兴高采烈地去给海苏老师送锦旗。

作为一名出租车司机，面对堵车，那可是家常便饭，为了克服浮躁不安带来的情绪，排解烦恼，我会打开收音机，锁定FM经典94.7频率。当收音机里传来《我是一只小小鸟》赵传那高昂激越的吼叫时您会感到：连飞不高的小小鸟都有一个寻觅温暖怀抱的美好理想，更何况我这个大男人呢？每天，车轮滚滚丈量着城市的道路，乘客的首肯是我最温暖的回报。

当你碰上郁闷的事或伤感沮丧之事时，听完一曲《朋友别哭》将会止住你欲哭将落的泪，相信你定会破涕为笑，勇敢地直面人生，坦然从容地接受生活工作的各种挑战；当你向亲人朋友送上美好祝福的时候，钟镇涛的《只要你过得比我好》让快乐紧紧地围绕在你的周围，此时美好的祝福便立刻快递到亲友的心房；当你漫步在阳光明媚春意盎然的原野上，放牧好心情的时候，庞龙先生的《两只蝴蝶》，便会在前面慢慢地飞，引领着你飞过茂密的原始森林，去看潺潺流动的小溪水。

出租车川流不息地在城市的大街小巷行驶，一路红尘滚滚，的哥们体验着风风雨雨的人生。而海苏老师的主持风格恰恰能把持住的哥们那些起起落落的情绪，让向前的一路变得风调雨顺，充满阳光。“流淌的歌声、和谐的桥梁、的哥的最爱”锦旗上醒目的大字可是的哥发自肺腑的感言，也是来自我们的心声。

到了广播大厦，满面春风的海苏老师热情地将我们迎进了大厅里，亲切交谈，海苏老师真是我们的哥的良师益友。第二天在94.7频率“流淌的歌声”节目又听到了她那深情的声音正传递给听众朋友：“带着海苏的祝福，共同书写你的回忆录，春天的记忆在流淌的歌声里。”

是呀，让的哥与94.7共同书写春天的回忆，而此刻，“流淌的歌声”似潺潺涌动的春水响着叮咚，“春天的回忆”正在歌声里流淌。

（作者原就职于上海海博出租车汽车股份有限公司虹连车队）

片花

熟悉的音符在心间划过

轻轻唤起沉睡在心底的记忆

失去的岁月在歌曲中绽放

深埋的激情在歌声中点燃

流淌的歌声经典萦绕耳畔

三次点歌见真情

徐继光

要是追溯我是如何认识海苏老师的，一定要提及大众的姐沈梅珍的功劳。8年前，我和沈姐都是爱好新闻写作，经她穿针引线有幸结识了东广94.7“流淌的歌声”的主持人海苏老师，海苏老师的真诚为人给我留下了深刻的印象。其实，岂止是我，我们黄海出租车公司的领导和员工都通过94.7“流淌的歌声”见证了海苏老师的真情。

还没与海苏老师谋面时，心里总有些忐忑。数年前的一幕记忆犹新，一位青年女子扬招我的出租车，起先根本不在意她是谁，当她在车厢中与对方通话并自报尊姓大名后，我回头直视惊羡“哎呀”一声，“侬是东方电视台的某主持人？”直到下车她付了车费也没吱声，“嘭”的关上车门心高气傲地扬长而去。

然而，当我们相约上海音乐厅参加电台栏目主办的94.7“流淌的歌声”听众见面会，在与海苏老师近距离互动中，我的顾虑被打消了，忐忑不安的心情顿觉舒畅。海苏老师为人随和，待人真诚，话语坦诚。她见到我们后，热情的向我们介绍94.7“

流淌的歌声”，主动征求我们的意见和建议，热情地邀请我们参加和“流淌的歌声”这一节目的互动活动。此后，我便锁定94.7“流淌的歌声”，我那流动的车厢载着94.7“流淌的歌声”回荡在申城的大街小巷，这都是出于我对该档节目主持人的喜爱和敬慕。

在以后与海苏老师的接触中，我更加感受到了她那没有一点架子，真诚地为他人着想，满腔热忱地为听众服务的可贵精神。

说来也巧，我们黄海出租车公司的老总在上班途中收听94.7“流淌的歌声”，他在节目中听到了我通过海苏老师为好友点歌送祝福后，择日就“召见”了我，他说他自己是海苏老师的忠实听众，并如数家珍说出了节目改版播出的时间，想通过我在94.7“流淌的歌声”节目为公司员工点歌送出祝福，还一再叮嘱我出租车驾驶员做一休一的工作特点，两个班次要全部听到送出的歌曲与祝福噢，一个“噢”字还拖了个长音，播出日期敲定后公司将通过车载信息机通知驾驶员收听。

这可是我们黄海公司的头等大事，我心领神会硬着头皮应允了，但心里还是十五只吊桶，七上八下，海苏老师能否接受我这样的请求？茫无头绪，我决定向沈姐求助，试图通过她与海苏老师取得联系，期望能够圆满播出。两天之后，我接到了海苏老师打来的电话说："没问题。94.7"流淌的歌声"本应是为听众服务的节目，况且公司老总要为员工点歌送祝福还真不多，这说明你们黄海公司的领导重视精神文明建设，激励员工更好地为广大乘客提供优质服务，海苏我愿意为黄海公司员工服务。"一席真诚的话感人肺腑，想不到海苏老师没有一点架子。

我选定了帕瓦罗蒂演唱的歌曲《我的太阳》后，与海苏老师约定播出时间并通知了公司。　在当天节目播出时，公司通过车载信息机告知当班的驾驶员，公司老总和管理人员兴奋又焦急地等待这一刻到来。正在维修保养的三辆出租车,特意开到场地中心,组成了三角形状后敞开车门，车载收音机传来海苏老师声情并茂的声音，当她朗读完串联词后，高亢抒情的《我的太阳》响彻公司上空，这是我们黄海公司员工第一次从广播媒体聆听到公司老总送出的祝福。当帕瓦罗蒂《我的太阳》歌声终了时，公司领导的手机铃声此起彼伏，许多驾驶员在收听完点歌送祝福后打来电话表示感谢，有的在和领导通话时言语哽咽，这就是FM94.7"流淌的歌声"的力量与魅力。更让我意想不到的是海苏老师趁着节目播出的空隙打电话给我，询问播出的效果，让我充满了感动和钦敬。

点歌送祝福的消息不胫而走，这成了公司的新闻，心生妒嫉的另一班次的驾驶员找到公司老总也要求点歌送祝福，说是偏袒。老总再次“召见”我，请我转告对海苏老师为之付出的努力表示深深的谢意，感谢94.7“流淌的歌声”节目平台。随后话锋一转又谈到点歌送祝福播出的时间。

说真的，再次与海苏老师提出为另一个班次的驾驶员安排点歌送祝福的要求难以启齿，万一海苏老师婉言岂不是没了面子？但老总给我的任务也得交差啊，思来想去左右都是一堵墙，豁出去了。我打通了海苏老师的手机，极力控制住胆怯的心情。没想到海苏老师不觉得烦，还一个劲地说：“好呀，好呀，这有啥不好意思的呀，94.7“流淌的歌声”就是需要听众的参与，只有这样，才有生命力，就后天吧。”

流动的车厢内，期待已久的第二个班次驾驶员们迎来了为他们点歌送祝福的时间，当海苏老师在“流淌的歌声”节目中朗读完串联词，当歌曲《桃花谣》在车厢内响起时，这些来自南汇、川沙的农村驾驶员，眼前浮现村前宅后意境相融桃花盛开的季节，他们被歌声打动的同时也记住了海苏的名字，记住了FM94.7“流淌的歌声”。

转眼到了2012年春节前夕，公司领导抓住我与海苏老师的情缘，试图再次通过FM94.7“流淌的歌声”海苏老师主持的节目，要求点歌向驾驶员们拜年致辞，希望我能与海苏老师沟通，听到公司领导一而再，再而三的要求，我的头有点晕了，临近年底海苏老师工作那么忙，我不禁扪心自问：“海苏老师能答应吗”？

我再次拨通了海苏老师的手机，告诉了公司领导要求点歌向职工拜年致辞的意愿，海苏老师不但没有丝毫的怨言，而且爽朗地笑了，“94.7‘流淌的歌声’正准备新年大联播节目，请你转告公司领导，我会安排时间通过电话录音拜年致词的”。我在喜出望外的感激之余，领略到了海苏老师谦和的态度，凡事不厌其烦，为人随和又真诚，与几年前我偶遇的某主持人相比，孰高孰低，泾渭分明。

之后，沈姐告诉我，海苏老师安排电话录音拜年致词那天，她外出采访了整整一天，心里总惦记着与我的约定，心急如火赶回广播大厦，拨通了我公司领导办公室的电话，一曲《祝你平安》的歌曲和拜年致辞，在壬辰龙年的大年初一，如期地从东方广播电台FM94.7“流淌的歌声”新年大联播节目中播出。当我在车厢中聆听到公司领导的拜年致词和《祝你平安》的歌曲喜逐颜开时，包括我们公司的领导和我的同事们的眼前都仿佛看到海苏老师忙碌的身影，大家都深知，海苏老师为了满足听众的热情，默默无闻地付出了多少啊。

三次点歌见真情，我为黄海公司三次点歌的故事虽然已经过去，但东方广播电台FM94.7“流淌的歌声”主持人海苏老师的真情却没有过去，这种真情深深地留在了我们黄海公司的哥们的心里。

（作者原就职于黄海出租汽车服务公司）

片花

春风和煦、夏花绚烂、秋月清朗、冬絮洁白

这醉人的风花雪月都化作“流淌的歌声”

萦回在我们的耳畔，滋润着我们的心田

FM94.7“流淌的歌声”

"流淌的歌声"让我找到知音

杨红生

也许是天意，也许是缘分，2010年12月16日在淞南阳光之家，在上海人民广播电台经典"94.7"音乐频率"流淌的歌声"节目组资深主持人海苏老师主讲的"怎样唱好红歌"音乐讲座上，我巧遇昔日北大荒的战友吴昌华，同样颇感意外的昌华姐也异常兴奋地逢人便说："这世界实在是太小了，这世界实在是太奇妙了，想不到转了一大圈，我们又聚在了一起，并且又成了海苏老师最忠实的粉丝听友。"

那天下午在淞南阳光之家，昌华姐感慨地对我说："难忘蹉跎岁月，情系一片黑土……"我听懂了她的语意。我俩当年是风华正茂的热血青年，如今已步入中老年行列，我们曾毫不吝啬地将青春年华无私地奉献给了北大荒，在那片广袤肥沃的黑土地留下了我们人生闪光的印痕，留下了新一代垦荒者上海知青年轻的足迹。仔细想来不是什么天意，也非缘分使然，纯粹是经典音乐的超强魔力，并且得感谢海苏老师，感谢经典94.7"流淌的歌声"，才使我的战友和一大群粉丝听友们得以美丽邂逅相聚在一起。

我感到“流淌的歌声”宛如深山坳里顺势而下的瀑布，流入田野沟壑，形成潺潺不断的小溪水，她，冲开了我大脑记忆库的闸门，使我浮想联翩，而她那晶莹的水珠就好像会叮咚作响欢快跳动的五彩音符，如珍珠般地串起了我和昌华姐对北大荒永恒的思念和回忆。

的确，我想起了北大荒连队的战友、连长和指导员；想起我的忘年交朋友、抗美援朝时的功臣罗副参谋长；想起了那次终生难忘的原始森林中的历险，想起了那晚危难时帮助我脱险，走出原始森林，走出死亡的两位可爱的天津战友；想起了春天，我们在广袤的黑土地上播小麦、播大豆的同时，一并播下了幸福生活的理想、憧憬；秋天，当我驾驶着红色康拜因联合收割机，在一望无垠的金黄色的麦海里、在迎风摇铃的豆浪间纵横驰骋的时候，丰收的喜悦已然在我们的心田绽放……

在淞南阳光之家，在海苏老师“怎样唱好红歌“的音乐讲台上，我和昌华姐及其他粉丝听友放声高唱《爱我中华》，我们的心里充满了阳光！

我曾思索：是“流淌的歌声”，是海苏老师平易近人的处事风格和高超的主持水准，方使我们这些铁杆粉丝们聚集在经典94.7“流淌的歌声”这杆大旗下。在淞南阳光之家我意外之喜便是荣幸地遇上了昔日北大荒的战友，找到了知音。

车载收音机里传来海苏老师播放《天边》这首优美动听的歌，歌声在的哥的心中流淌着，而感动的泪水也从在我的眼眶溢出了。

（作者原就职于上海海博出租汽车股份有限公司虹连车队）

片花

聆听中国最嘹亮的歌声

感受最雄伟的音乐气魄

“流淌的歌声”献歌军营

邀您聆听——军旅之歌

〔流淌的歌声里 听众的嘉年华〕

丁洪宝

2012年12月29日上午，在上海虹口区的宝丰联大酒店，举办了一场别开生面的聚会，那是“流淌的歌声”——上海东方广播有限公司旗下，经典94.7频率的广播音乐节目组对听众的答谢及与听众的见面会。来自全市各区的300多位听友、歌迷欢聚一堂，他们都是听到电台广播后，通过手机短信索票，风尘仆仆地赶到了会场，把整个会场坐得满满当当。他们都是“流淌的歌声”节目和知名节目主持人海苏老师的铁杆粉丝。他们中有的是夫妻档，有的是姐妹档，有的是同事，大家都是因为共同的音乐爱好，结伴而来，走到了一起。有远居闵行区浦江镇的，因为怕迟到，大冷天他们很早起床，横穿市区赶来参加这一盛会，令人感动。场面之上，大家相见都会高兴的发出一声“嗨！”这可以说是一场经典94.7频率的领导、编播人员与听众的嘉年华，是电台与听众心连心交流的盛会。

见面会现场，特设了听众问卷调查环节，节目组通过这种方式了解听众有什么爱好需求，喜欢听哪一类歌曲，喜欢哪一版块，哪一时段等等。还可以对现有的节目及版块评头论足提意见，更可以为明年的节目献上金点子。通过问卷为明年的节目做准备，为听众提供更优质的服务。

我也和太太一起，第一次参加了这样的盛会，感觉很棒也很有意思。据老听友们介绍他们也参加过多次像这样每年一次的见面会，他们都很珍惜这样的时刻，能见到心仪的主持人。会上有听众上台演唱经典老歌，有的歌迷演唱自己在《军歌大家唱》比赛中的获奖歌曲，还有老听众毛遂自荐兴致勃勃地上台和主持人海苏老师对唱，博得了大家的阵阵掌声与喝彩。作为经典94.7音乐频率的副总监陆明女士，也被主持人海苏老师盛情邀请上台讲话。她感谢听众们在寒风中赶来参加见面会，感谢听众们对节目的大力支持，有听众们的广泛参与，是办好节目的最大动力。陆总监还表演了多个拿手节目。见面会上还穿插着各种奖项的抽奖活动，奖品有碟片，经典94.7频率节目主持人及栏目介绍宣传册，星广会精美书签及星广会新年第一期音乐会入场门票等，与节目和音乐有关的礼品有七八种之多，奖品的数量及中奖的比例也很高。众所周知2012年是蛇年，凡是生肖属蛇的听众凭有效证件还可以领到一条蛇的玩具礼品，让大家乐开了怀。

作为一名的哥听众，我也有幸被海苏老师选中上台为大家抽奖，同样上台抽奖的还有癌症康复中的老者，有老三届的铁杆女粉丝，安徽来沪的青年打工女，还有刚上学的小朋友。他们在抽出奖项的同时，表达了同一个心愿，希望来年的节目越办越好。收听节目的听众像滚雪球一样，队伍越来越壮大，让我们的生活因为有了动感的和富有激情的音乐来陪伴，而变得更加丰富多彩。

在会场里环顾四周，我还注意到一个非常有趣的现象。听众中绝大多数是上世纪五十年代出生的，只有极少部分是四零后或六零后，这个年龄段的人在过去吃过苦，有过一段难忘的生活经历，同时也是受到过传统教育的一代，对流行于上世纪六七十年代的优秀电影歌曲，八九十年代的优秀春晚歌曲，非常有认同感，他们非常喜欢听也喜欢唱，广播里有这样一档节目令他们非常开心。

我想，我和广大听众一样要感谢东广，感谢经典94.7，感谢“流淌的歌声”。是“流淌的歌声”丰富了我们的生活，是“流淌的歌声”让我们聚在一起，并认识了很多新朋友。明年我还想通过聚会认识更多的朋友，期待着再一次和大家一起“嗨！”

（作者原就职于上海大众出租车汽车股份有限公司市南公司）

朱祥凤是一名上海大众出租汽车公司的的姐，我与她在同一个公司工作，成为同事。2010年上海世博会还没有结束，朱祥凤因脑瘤发作住院进了手术室。当时正值出租汽车为世博会疏散人流的关键时期，我在忙碌中得知消息后，不禁为朱祥凤的患病连连叹息。

朱祥凤是一名党员，在小队中也是一位班组长，在世博会期间，她带领组员积极投入疏散客流工作。出车时，哪怕再远的路她都会开着空车返回世博园疏散客流；工作中她还不忘抽空用手机提醒组员向世博园靠拢；为了做好世博期间的出车和疏散客流工作，她常常到了废寝忘食的地步，有时连吃饭上厕所的时间都被挤掉了，这回她真的累倒了。这样一位优秀的驾驶员病倒了，我怎能不为她感到难受呢？其实朱祥凤的家境并不富裕，膝下有一个正在读大学的儿子，需要用钱，而开出租车是一项自负盈亏的工作，没有稳定的收入来源，朱祥凤一病倒，一家人就陷入了困境。

朱祥凤的工作兢兢业业，对待同事乘客善良随和，这样一位优秀的的姐，生活上遇到困难，多么需要社会力量来帮助啊。我这么想着，随手打开上海东广电台FM94.7频率，中午11时，“流淌的歌声”节目正在播出。我用手机向“流淌的歌声”栏目发了一段祝愿短信，为病中的朱祥凤点一首《爱的奉献》，祝愿她战胜病魔，早日康复。11时10分电波里传来了韦唯的歌声《爱的奉献》，“流淌的歌声”栏目主持人海苏老师看到我的短信后，以歌声为背景，读出了短信的内容，也为朱祥凤送去了战胜病魔早日康复的祝愿。作为一名普通的听友，听到电波里传来了主持人的关心和祝福我很是感动。其实这份感动不仅仅是我能感受到，还有成千上万名听众被主持人的祝愿，被《爱的奉献》打动人心的歌声所感染。有位的哥朋友告诉我，那天，他车上有位乘客，到了目的地，计价器显示金额29元，年轻乘客给他递上一张百元大钞:“师傅,不用找钱了”,临下车时这位年轻人十分认真地对我的的哥朋友说道:“这71元算是我的一份心意,请你收下,代我转交给那位患脑瘤的的姐,手术急需用钱”。的哥朋友回头望着乘客,发现他是那么的真诚,眼前这位陌生乘客的爱心善举令我的的哥朋友深为感动。原来那位的哥的车载收音机也停留在FM94.7《流淌的歌声》栏目,车厢里那位年轻的乘客正聚精会神地收听着海苏老师对一名普通的姐深切的关怀和祝愿。短短的车程,却是爱意浓浓,乘客同情贫困中的朱祥凤,也正是被“流淌的歌声”栏目传递的真爱所感动。

转眼冬天就要降临在申城,而申城还有一位脑瘤切除后正在康复中的的姐。朱祥凤手术后恢复得好吗?生活中还缺点什么?这是“流淌的歌声”栏目主持人海苏老师心里一直牵挂的事。2010年就要走近尾声,年末守岁,为了听众,海苏老师更加忙碌,在这百忙之中海苏老师却走进了朱祥凤的家,同时走进朱祥凤家的还有“流淌的歌声”的听众吴昌华、李花宝、邓瑞芬、王瑞芳、沈梅珍、许志立、杨红生等听友,他们是一群陌生的朋友,包括朱祥凤在内,因为他们熟悉“流淌的歌声”,因为他们为“流淌出真爱”而紧紧地聚在了“94.7”的周围。看到大家的到来,朱祥凤的一家人深受感动。在朱祥凤的家里,海苏老师带去的大米、食油、助困款以及给孩子准备过年的压岁钱化成一股股暖流，在朱祥凤一家人的心里涌动。海苏老师鼓励朱祥凤的儿子好好学习，克服暂时的困难，不要辜负母亲对你的期望。而大家也都为朱祥凤一家送去了同情和关怀。面对海苏老师和这么多“94.7”好心听众的关心和帮助，孩子在感动之余，表示将来有一天学业有成后一定会回报社会。

秋天是人们收获硕果的季节，而对朱祥凤来说，虽然秋深了，却在收获着海苏老师和听友们爱的关怀，这金灿灿的爱的绽放，让朱祥凤感到弥足珍贵。此时，海苏老师拿出一台收音机递给了朱祥凤，她代表“流淌的歌声”栏目鼓励她战胜病魔，早日康复，“94.7”永远和你在一起。此时在朱祥凤家里，爱心的暖流不仅在朱祥凤一家人，也在海苏老师和她的听友们的血管里奔流了。

爱在深秋，这个深秋“流淌的歌声”给朱祥凤一家留下了美好的回忆；深秋的爱也给了我们更多的力量来迎接人生严冬的挑战，朱祥凤就是这样一位从别人的关爱中汲取向上力量的的姐。朱祥凤说自己没有因为病魔缠身而一蹶不振，也没有因为不能回到自己的工作岗位而自暴自弃，有海苏老师的鼓励，有热心听友的关心，有“流淌的歌声”陪伴，使得我更加热爱生活。病愈后，再回去原来的岗位开出租车是不可能了，

流淌的歌声流淌出真爱

朱祥凤要换一个步伐继续新的生活，在憧憬未来生活的同时，她感恩“流淌的歌声”主持人海苏老师及关心她的听友。在朱祥凤贫病交加的日子里，是“流淌的歌声”流淌出真爱，帮助她走出了人生的低谷。她把内心的感恩用“流淌的歌声，流淌出真爱”表达在锦旗上，把这面锦旗送到了东方广播94.7频率栏目组全体编播人员的面前。

每每开车，我和同事们的收音机波段依然停留在东广94.7的频率上，欣赏着流淌的歌声，聆听主持人深情的话语：“带着海苏的祝福，共同书写你的回忆，春天的记忆在流淌的歌声里。”是呀，没有春天的华丽，哪来秋天的果实，这个深秋的爱让朱祥凤一家暖心。而此刻，蓝天下的挚爱继续在“流淌的歌声”里随着电波在奔流，在飞扬，爱，潺潺地流入了每一辆的士，爱，也深深地感染了每一位听众。

（作者原就职于上海大众出租车汽车股份有限公司市南公司）

声声入耳流淌的歌

毛鑫福

开了二十多年的出租车，养成了爱听电台广播的习惯。春天，人感到有些慵懒，午后的空气中依稀残留了几丝冬日尚未褪去的寒意。望着车窗外的行人或漫步在整洁幽静的老马路，或穿梭于陈旧喧闹的老城厢……阅尽沿途迷人景色之后，心中渐渐升起想找一种能和周遭环境相契合的声音的欲望。

我爱听经典94.7频率，特别爱听海苏主持的“流淌的歌声”节目。海苏的声音醇美、干净，毫不做作的播音风格，听上去就像邻家亲切随和的大姐在拉家常。她用通俗易懂的解说方法，言简意赅地向听众阐述各地民歌的特点、乐器性状。当陕北下起漫天飞舞的大雪时，南国正在撒网、打场；当黄河谣唱出一杆杆红旗一杆杆枪时，在希望的田野上的中国人正意气风发地走向新时代；青藏高原传来远古的呼唤，悲怆的马头琴拨动着蒙古族母亲向天边远望时的心声；大风从黄土高坡上掠过，嘈嘈切切错杂弹的琵琶声似大珠小珠落玉盘，这声音漫过一座座岗坡、融入一弯弯河中；村村寨寨的屋前院后坠满了深沉低婉的葫芦丝，阿瓦人民唱起了幸福的歌；江南漫山遍野的大竹海，中直节高的翠绿让人横吹笛子竖吹箫；穿过青石巷，时断时续的二胡声，从打着花纸伞、散发茉莉花香的女子的身后传来……

海苏的每一次解说，会让我的眼前浮现出一幅幅画面来，平静的心随她层层递进的铺展而跌宕起伏，聆听中，酝酿已久的情绪被带到音乐的旋律和节奏中，感情随音乐的意境肆意奔放着、流淌着……听海苏的节目，使我劳累枯燥的工作变得轻松愉快起来，她，让我懂得了：只要有一颗感恩的心，才能把握住生命之舟的航舵，只要有一份坚定的自信，才能把握住这艰难的人生。

四年前在海苏听友见面会上，我终于见到了只闻其名不见其面的海苏，当我郑重其事地递上笔记本，让她签名时，她在笔记本的扉页上写着；老唱机的唱针转着车轮，流淌的歌声，风吹来，水运来，和着汽车发动机的马达声，在心中和谐共振。

因流淌的歌声而结缘，我有幸结识了很多海苏的“粉丝”，当行驶在这座繁华拥堵的城市里，我心里会想，一档让广大听众喜爱的节目，会让陌生和疏离变得熟悉和亲近，其中，主持人的辛勤耕耘是功不可没的。穿梭在城市的大街小巷，有广播的陪伴，独处在车厢也不觉得寂寞。

春阳下，申城无处不飞花，干枯的梧桐树枝上，开始长出绿蝴蝶般的嫩叶，绿叶片片，光影灵动，似音符在跳动，此刻，我仿佛感觉到“流淌的歌声”又一次声声入耳。

（作者原就职于上海浦东友谊汽车服务有限公司）

片花

一串感动温暖的音符

一段真实悦目的文字

一首经久回味的老歌

一盏纯厚绵长的香茶

不因为怀旧而忧郁哀怨

不因为回忆而失落消沉

用鲜活的音色重新注解

在生命的跌宕中坚持特有的温情柔美

FM94.7“流淌的歌声”

我与“流淌的歌声”的故事

沈梅珍

我是大众出租公司的女司机，由于工作的特殊性，在小小的车厢里，广播成了我工作中的伴侣。2004年一个偶然的机会，在电波中我与经典94.7相遇了，其中“流淌的歌声”这档节目是我们出租车司机的最爱。动人的歌声使我成为了这挡节目的忠实听众。

海苏老师主持的“流淌的歌声”节目，在我们出租车司机中享有很好的口碑。她那富有亲和力的话语及播出的涓涓流淌的歌声，给我们堵车途中的司机带来了一股心绪上的清泉，使我们开车人有了稍安勿躁的宁静心情。无论是嘹亮的军歌，还是优美的民歌，都给我们带来了听觉上的享受。海苏老师主持的这档节目还有一个功能，就是她能在无形之中为我们出租车司机与乘客之间架起相互信赖的桥梁，形成一种和谐互动的氛围。

记得有一次我接到三位来客提着大蛋糕要去某饭店，了解到乘客中有一位是当天生日，我就靠边停车，发短信给广播电台，为乘客点歌送祝福。考虑到乘客是流动群体，海苏老师就快速地在电台里播放了我的祝福，当乘客在广播电台里听到自己的名字及祝福，很惊讶，接着连声道谢，下车后乘客握住我的手说："大众女司机真行，今天我们坐上了上海滩最棒的出租车，真开心！我们会记住你的。素昧平生，你的特色服务，让我们感受到实实在在的快乐。"

还有一次，两位军人坐上我的车，那是炎炎夏日的中午，一路堵车，乘客有急事，因此情绪上有些波动，说着抱怨的话，发着牢骚。为了安抚乘客的情绪，我趁堵车功夫，给电台发了条短信，并对两位军人说："十年修得同船渡"，我们是有缘人，欢迎乘坐我的车。我在电台里为你们点歌了。他们不信，说："我们坐出租车从没遇到有点歌这档子事"。话音刚落，电台传来海苏老师淳厚带有磁性的声音（此刻我把音量调大了些）：大众出租的一位女司机，为车上的两位军人乘客，我们时代最可爱的人点播一曲《小白杨》，祝他们心想事成，万事如意。而后我从反光镜里瞥了一眼这两位军人乘客，只见他们有些惊讶。待一曲《小白杨》的歌声响起时，他们合着节拍一起高歌，我也跟着一起吟唱。歌声拉近了我与乘客的距离，也化解了乘客因堵车产生的烦躁情绪。

每每此时，我心中充满了幸福感，是"流淌的歌声"成全了我的特色服务，是"流淌的歌声"让乘客对我的服务做出了肯

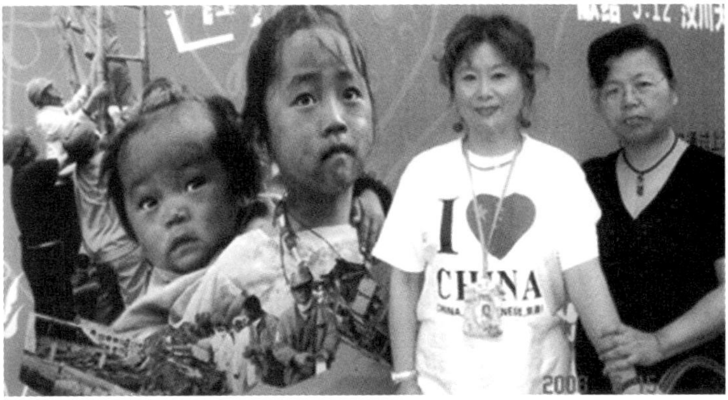

定。借此我要衷心感谢给我带来幸福感的94.7节目主持人，电波中的天使——海苏老师。

“流淌的歌声”不仅成全了我的特色服务，尽享了乘客对我的肯定，而且还是我生活和工作中的一个快乐的驿站。

在一次营运中，有一对加拿大夫妇坐我的车，“流淌的歌声”正好在播一曲《红河谷》，加拿大客人在异国他乡听到了自己国家的民歌很是兴奋。下车时，客人友好地赠我一枚枫树叶的加拿大的纪念章，留作纪念。这真是：音乐无国界，快乐在心间。

“流淌的歌声”带给我每天的阳光心态与快乐心情，她是我的最爱，她所营造的正能量，犹如一条欢乐小溪，流入我生命的长河，流淌在我的心里。

（作者原就职于上海大众出租车汽车股份有限公司浦东公司）

巧遇海苏老师

丁洪宝

自从做了的哥以后，便与车载广播交上了朋友，因有了大段的时间与精力，做到开车工作与收听广播两不误，也终于续上了小时候的爱好。就个人来说，最喜欢听的内容是新闻，可以了解国内外天下大事，然后喜欢听的是中外民歌民曲、经典音乐、优秀民歌、传统老歌等。自从东广经典94.7音乐频率问世以来，我便在第一时间锁定了这档节目。当时是在好多年以前，工作日的每天下午三点至五点，特别喜欢“流淌的歌声”节目。轮到我工作日每天必听，从节目里了解了未曾谋面的知名女主持海苏老师，得知海苏老师当过海军文艺兵，是上海音乐学院毕业生。她的主持热情奔放，嗓音甜美纯正，唱歌也十分了得，为听众讲解音乐及作品介绍，深入浅出令我十分喜爱，多年以来收听至今。由于经过多次改版调整，如今“流淌的歌声”在上午十点至十二点直播。该节目的大批粉丝紧跟着海苏老师，也将收听习惯改在了上午，并一如既往地支持节目上微博、发短信、打电话，祝节目越办越好……

俗话说无巧不成书，第一巧的是，喜欢写作的

丨巧遇海苏老师

我自从加入了《上海出租汽车报》文学沙龙行列后，发现成员中，喜欢海苏老师主持“流淌的歌声”节目的粉丝还真多哎，沈梅珍大姐便是其中的一位“粉丝达人”，我还开玩笑说，她是我们粉丝中的“钻石”级别。经过她的穿针引线，我们一群写作爱好者见到了眉清目秀，长相俊美的海苏老师，一睹了她的风采。大家在欢聚时，谈文学说音乐，聊共同的爱好，海苏老师发挥出了她的专业特长，我们聆听了她从专业的角度为大家多次讲解对音乐作品的欣赏与理解，使我们在不知不觉中增长了许多音乐方面的知识，让我们见识了另一个世界。因为喜欢流淌的歌声节目，去年我还特地在该节目中为自己生日点歌一曲，同车队的的哥朋友事后来电话追问，广播里报出的名字是你吗，我不失时机地介绍说，这是一档非常好的直播节目，没有任何门槛，你也可以尝试一下呀。

第二巧的是我居然还在开车途中，接到了路边扬招的海苏老师。不久前的一个周日，晚上九时许，我从浦东接了一差到浦西的业务，从小区出来刚右拐进入四平路，正见前方不远处三位客人扬招要车，接客后我注视前方开车，客人们顾自聊天，到了第一个目的地，后排下客时我习惯地向后张望了一下，忽然发现副驾驶座的女乘客好脸熟，“海苏老师！”“啊，丁先生是你”，我们几乎同时将对方认了出来，真是太巧了，我们能在茫茫车海中的的士里见面都感到很意外。我开玩笑说上海变小了，我们边开车边聊天，一直把海苏老师送回家。临别时，我们还互相关照，别忘了去买彩票碰碰运气。望着她渐渐远去的背影，我自言自语地说一定要去买一张。结果有一次，发现真是中了大奖了，我高兴得手舞足蹈起来，把旁边睡觉的妻子给“踢”醒了，“你干嘛？”，我妻子奇怪地问我，“我中大奖了！”我兴奋而肯定地说。她狠捏了一下我的手臂，“你是在做梦！”。被痛醒的我睁眼一看，发现自己怎么在床上，“大奖呢？”我开始责怪起了妻子，嗨，都是你不好，我的梦还没做完呢！第二天，我把这件事告诉给了海苏老师，她听了后哈哈大笑不止，也把她给乐坏了。

（作者原就职于上海大众出租车汽车股份有限公司市南公司）

儿童节偶遇

2006年的儿童节是一段美丽邂逅的开始。当天下午，我兴致不高，情绪消沉。看到其他孩子有父母陪伴，尽享节日的欢乐，而我只能孤独地在房间里徘徊，坐也不是，站也不是，电视机啪嗒一声打开，又莫名地啪嗒一声关闭，来回多次，心里难受极了。无意间随手拨开了家中的收音机，一个非常柔和亲切的声音从电波中传出，娓娓动听的乐曲一瞬间穿透了我的灵魂，让我身心舒坦，很快静下心来。从此，我一发而不可收，每天的这个时段，自己必会准时静静守候在电波前，只为能听到这个亲切而又熟悉的声音。

快乐的啰嗦

转眼间听海苏老师的节目已三年之久。在2009年2月初，我鼓起勇气，第一次提起笔给海苏老师写了一封信。信寄出后的几天里，我如往常一般准时守候着熟悉的声音。让我没想到的是，她竟然在电波里提及了我。她说的每一句话每一个字至今依然清晰地印在我的脑海里，将永远成为我最温暖、最幸福的记忆!当时她说："你的信收到了，你看上去很健康噢!今天我就送你一首器乐版的《快乐的啰嗦》。不过听完后，你可别嫌我啰嗦哦!"这是海苏老师收到我第一封信的回应。海苏老师的这番话就像一盏明灯照彻了我的心灵，使我这个朋友不多、一直害怕夜晚的人从此不再惧怕黑暗。

空中的礼物

2009年3月是我一位忘年交外婆的七十岁生日，我总想给外婆送上一份奇特令她难忘的礼物。于是，我悄悄地向尊敬的海苏老师求助，也没抱太大希望。令人意外的是，在外婆生日来临之际，一份特殊的空中礼物忽然送到外婆手中，那可是一个崭新的收音机!当看到这个收音机的时候，我知道海苏老师不是送一个小小的收音机那么简单，而是要将全世界最美妙动听的音乐全部打包送给我的外婆，以祝福她老人家安享七十岁生日的别样乐趣。小小收音机，架起一座座空中的桥梁，让听众和海苏老师的心贴得更紧，也更近了。

真情冰糖葫芦

20岁，一辈子仅有一次的20岁，在许多诗人眼中那可是青春曼妙、轻舞飞扬的年华。我感觉自己的人生一扫往日的阴霾，也如同串串甜蜜的冰糖葫芦，而为我串起冰糖葫芦的不是别人，正是我敬重的海苏老师。2009年8月11日恰逢我二十岁的生日，要问我二十岁生日的最大愿望是什么?其实很简单，就是在听了那么多年广播之后我特别想见海苏老师一面。因为在我心里，她不仅是一位善解人意的长辈，更是我最亲密的朋友,在和海苏老师沟通后，她爽快地答应了我的请求。2009年8月11日晚，海苏老师在百忙之中参加了我的生日聚会。从第一次聆听她的声音到真正的相逢，我苦苦等待了三年零两个月。见到海苏老师，我有一种特别的亲近感，感觉她就像是莲蓬下的藕，从不炫耀自己。在她朴素的外表里面，是白玉一般洁白无瑕的心地……

海苏老师的陪伴为我串起这充满温馨真情的冰糖葫芦，成为我从懵懂女孩到人生新旅途的幸福记忆；海苏老师的陪伴不仅让我度过了一个幸福难忘的夜晚，更让我感觉自己的生命因此而获得新生。

亲爱的海苏老师，是您凭热情、真诚赢得众多听众的喜爱和信任；是您把安慰和倾诉都流淌在歌声中，为我们洗涤心灵的尘埃；是您用朴实无华的声音，为我们每一位听众送上最真挚的祝福；是您精心编辑主持的每期节目，时时滋润着我们的心田。

海苏老师，感恩您的一次次“啰嗦”，我将永远珍藏。生活如歌，未来有着许多新期许。海苏老师，让我们与您共同谱写这美丽的邂逅新曲……

即兴小诗一首

《邂 逅》

犹记得

八年前的儿童节

一个孤独无助的节目

没有亲人陪伴

没有舒心礼物

笼罩着我的只有寂寞和无奈

也曾在房间里举足无措

也曾坐在电视机前心神不定

美丽邂逅

也曾趴在窗台上东张西望

漫不经心地打开收音机

冥冥中一切注定

上海经典94.7与我结缘

灵魂瞬间穿透

流淌歌声伴着我长大

一次邂逅就如同挚友

海苏老师——我要真诚地谢谢您

（作者原为个体经营者）

片花

开心的时候，难过的时候，

生气的时候，无助的时候

我们会一直陪伴着您

就在FM94.7“流淌的歌声”

致海苏姐

江玲

每个人的人生当中都有一些事让人记忆犹新，都有一些人让人难以忘怀。不经意的一首歌，一段曲，一句话，哪怕是一种味道，都能让人陷进回忆里久久不能自拔。当然我也不例外，还是和大伙分享一下，在我人生当中一段美好且感动的故事吧。

那是2004年的春天，这本是一个充满期待的季节，而对于17岁的我刚来到上海这个“黄金铺满地”的大都市，却有着无尽的烦恼和忧伤，可能是沉默寡言的性格所致，也可能是一个人在这个城市没有亲人和朋友所产生的孤独感，每天14个小时的工作时间，加重了我的心烦，面对无力改变的局面，我觉得梦想是那么的遥不可及。

车间轰轰隆的机器声让我睡觉都不得安稳，为了避免这种噪音我特意买了一个小小的收音机。刚开始时是胡乱调着台，感觉只要是有音乐的，广告短一点的，我都会听。直到有一天，我听到一首好听的经典老歌《真的好想你》，让我触景生情地留下了眼泪。还没有等我擦干眼泪时，便听到一个温暖而充满魅力的声音，瞬间让我心中涌起一股暖意。

致海苏姐

也就是这个声音让我这些年一直感恩，一直怀念。从那时起我的收音机便每时每刻都停在了那个频率——FM94.7。经典94.7的每档节目我都喜欢，当然最钟爱的是海苏姐主持的“流淌的歌声”节目。老歌是我的最爱，我更爱的是海苏姐的主持风格，她能走进听友的心里。在送出祝福和老歌的同时，她总能在字里行间里理解听众的心情，给听友一些鼓励和支持。每天的生活常识是老年朋友的需要，她的细心总能感动着无数的听友，听友们都说“流淌的歌声”流淌出的不仅仅是音乐，而是快乐和感动。

还记得第一次给她发短信，当她播出时我那种兴奋的心情无法用语言形容。自从听了她的节目，她便成了我生活的一部分。她温暖的声音驱除了我的烦恼，每天沉浸在她节目里的2个小时我觉得快乐无比，她给了我很多很多的感动。由于她的关心和呵护，我逐渐觉得我的人生没有那么的悲观了，也觉得自己没有那么的孤单了，渐渐习惯了她的陪伴，渐渐喜欢她的关心和呵护。我喜欢她亲切地叫我江玲，我喜欢她送我的每首歌曲，我喜欢她对我说过的每一句话，我喜欢她送我的每一次祝福。

对于海苏姐，除了感谢，我不知道还能做什么？感谢她陪我走过很多地方，上海、东莞、江苏、宝鸡，凡是我走过的地方，都有苏姐的声音和我相伴，不管我的生活和工作有多么的不顺和不堪，苏姐的声音和祝福都始终在我身边给我鼓励和支持。也感谢苏姐让我结识了很多爱心人士，像思丽姐，花姐，兰姐，昌华姐，瑞芳姐，瑞芬姐，还有朱玉珠姐，娟姐，图图姐，小卷毛等等的大姐们，还有王万能老师，沈嘉麒老师，他们都给了我很多的关心和帮助，让我学会了很多，也懂得了很多，成长了很多。她们的关心和呵护，我始终惦记在心里，深藏在心里。也感谢苏姐让我去过特别有名的东方艺术中心、上海音乐厅、有幸见到指挥家曹鹏曹爷爷，黑鸭子组合和歌唱家郑绪岚等等的大艺术家们。虽然时间过了这么久了，现在想起依然让我激动不已，当然最激动的还是第一次见到美丽大方的苏姐了。清楚地记得那个下午在广播大厦的侧门口，同事说有人喊你，我回头看见你，兴奋的叫声苏姐后向你狂奔而去，我的第一句话是："你怎么知道我是江玲？"你笑着说："我感觉你就是！"呵呵，每次想起这场景我都感觉幸福满满……

虽然由于节目改版，现在我不能每天收听，但这档曾带给很多人快乐和感动的节目和苏姐的声音和祝福一直陪伴在我的左右。突然想到今年是2014年了，特别感慨地想对苏姐说："我们已经相识十年了，十年间你给予我的不是我能用只字片语所能表达的，更不是一句感谢就能概括的，但我除了感谢，

致海苏姐

真不知怎样感激你陪我度过这漂泊的十年，在举目无亲的城市陪我度过那些艰难的日子，虽然现在我已结婚，也已经做妈妈了，但我时常怀念那些我们一起度过的时光……”

每每听到一些我们曾经一起听到过的歌曲，每每看到我们曾经一起拍的合影，每每想到你们曾经给过我的感动，我都会觉得我的人生因遇到你而变得不同。时间无法冲淡属于我们这个大家庭的很多感动和故事，就像时间无法冲淡每个人的初恋一样，虽然我们不能彼此相守，但我们可以彼此祝福，不管我们身在何方，只要我们拥有一颗感恩的心，足够！

让我永远祝福你——我亲爱的海苏姐，祝福你永远青春漂亮，身体倍棒！

（作者为外来务工者）

致海苏老师

胡天天

还记得是两年前同样的8月份，我第一次踏进上海东方广播公司实习，被通知我的带教老师是海苏老师。当时老师还在上节目直播，于是在等待的时候就打开广播，收听老师最热门的节目“流淌的歌声”：“亲爱的听众朋友们大家好，您正在收听的是FM94.7，经典94.7“流淌的歌声”节目，我是海苏。”听到老师亲切稳重的声音，就在揣测这是一个怎样的前辈。下午，见到了海苏老师，不禁感叹了，因为老师跟之前想象是不一样的。海苏老师打扮得很精神，很年轻，尤其是老师的性格非常的热情，原来一直紧张着的我放松下来，对这位前辈，初次印象就是：很潮、很乐观、心态很年轻，总之觉得很合拍。

在之后的实习中，老师不遗余力的教会我们电台里的完整节目制作流程，从节目稿、制作、再到陪老师上节目直播。“流淌的歌声”也流淌在自己整个假期当中，节目虽然只有两个小时的直播，背后老师却付出了非常大的努力。老师是军人出身，比自己的父母要年长，对于工作的那份认真、细致和谨慎一直到现在影响着自己。节目与老师就是一体的，老师是在用心的对待着节目，无时不围着听众，替大家着想。为了把节目做得好听，每天都在操心。每次节目直播，听到熟悉的《月亮代表我的心》的垫乐，老师总会抛掉所有的情绪，面带微笑，进入到两个小时的直播状态。老师的工作量我们看在眼里，也不禁想尽量为老师多分担。一个本可以让自己轻松一点的年纪，但是因为要对节目负责、让听众开心，老师付出了太多的精力，身体状况有时也会有些不好。这个优雅的女人，总是在大家需要她的时候展示自己最强大、最温暖的一面。我想，这也是老师能赢得那么多听众尊重的原因，这是一个用心工作并以此为支撑、乐在其中的好前辈。

实习结束后，每当放假的时候我都会到海苏老师那里去，对于节目也自然越来越熟悉。中间也经历了节目的改版、调整。老师像爱孩子一样爱着自己的节目，对节目的改版、调整觉得很伤心，我们也觉得很可惜。但是乐观的老师总能找到一个合适的方法去调整。她继续很用心地去做“流淌的歌声”，在宝贵的周末节目中为大家放送最好听的歌曲，同时也投入到自己的歌唱教育中。这个闲不下来的强人，总是能让自己燃烧起来。老师给了我一种全新的人生观，她的乐观、上进也一直是我们后辈的榜样。

私下生活中，老师真的很可爱，工作之余，会跟我们一帮吃货品尝各种美食，帮我们年轻人开导感情问题，关心我的生活。真的很庆幸在上海实习的日子，有这样一位老师从工作到生活上一直关心自己。她亦师亦友，给予了自己最大的能量。因为海苏老师，我也深深地喜欢上了广播电台的工作，虽然没有幸运地进入电台工作，但是之前的经历也帮自己在上海找到了一份满意的工作。现在的工作让我没有时间再去电台探望老师，但总是会在下午疲惫的时候回听老师周末的“流淌的歌声”和下午的《音乐会说话》，回忆一下当时的美好。从来不会忘记这位深深影响自己的老师，感恩时常把海苏老师放在心中，也希望一直爽朗的海苏老师幸福、幸运、喜乐常在。

（作者原为经典94.7“流淌的歌声”实习生）

流淌的歌声中度过的流淌的时光

张天乐

直到海苏老师跟我约稿，说是要出一本关于“流淌的歌声”心路历程的书，我才突然发现，离开“流淌的歌声”已经四年多了。说是离开，其实一直没有走远；说是离开，却有了更多的关切；每天下午六点是我的直播时段，每天要在《天乐嘚吧秀》里跟听众互动，总有一个突然的瞬间，让我感慨，这一切跟4年前那么的相像，感觉那么的熟悉。很好理解，因为我本来就是“流淌的歌声”中的一员。

2009年开始，我跟随海苏老师学习，进入经典94.7频率实习，从开始的帮忙整理稿件到和海苏老师一起上直播；从帮忙挑选节目音乐到制作节目整体包装，我看到了自己的进步，也感受到了海苏老师对我的关怀。

老师很严格，对待直播内容严格把控，不能有一丝一毫的马虎；老师也很温柔，每一位听众的来信和短信都用最耐心的态度来对待；老师也很个性，十几年坚守着民歌节目的阵地，让中国民歌在上海广播中有属于自己的传播途径。

作为广播节目主持人，海苏老师是我的启蒙老师，不仅从专业上给我建议，还教会我直播间的操控技巧，让我从一个初入社会懵懂的大学生慢慢蜕变成一个专业的主持人。我曾经跟海苏老师一起参加了属于“流淌的歌声”节目的听友见面会，跟其它节目不一样的是，海苏老师的见面会并没有更多的噱头和多余的形式，而是海苏老师自掏腰包请听众一起吃饭。饭桌上，海苏老师不仅熟悉每一个听众的名字和家庭地址，还能亲切地跟听友一起唠家常，就像是家里的一位大姐姐。原来，这才是真正的跟听众交朋友，我当时想。

2010年，在海苏老师的鼓励下，我参加了上海电台举办的“明日之星全国DJ选拔大赛”，老师又给了我很多的指导和建议，让我一路过关斩将，最终获得了全国总冠军的称号，并如愿加入了上海东方广播公司，主持《笑声与歌声》节目。比赛结束后，老师甚至比我还要激动，她会开心地跟人介绍“这是我的学生”。其实，正是因为在海苏老师身边实习的这一年，让我得到了快速的成长，让我在专业和内心都有了很大的进步。

进入电台工作之后，我有了自己的节目，不得不离开了“流淌的歌声”，离开了海苏老师身边，但是我却一直在感慨和感恩那段时光，那段我在“流淌的歌声”的时光，那段在海苏老师身边的时光，那段快乐学习进步成长的时光，那段我生命当中极为珍贵的特别时光。

流淌的歌声中度过的流淌的时光

流淌的歌声中，我度过了流淌的时光，流淌的时光中，我的内心流淌着幸福。

（作者是上海东方广播中心交通广播主持人）

片花

聆听春的旋律

感受夏的韵动

品赏秋的韵味

领略冬的格调

请收听“流淌的歌声”

一位高中生听众的来信

流 苏

亲爱的海苏老师：

您好！每次听到您在节目中报出"1381尾号为947的听众"，我总是会心一笑，没错，那便是我。感谢您用这样的方式告诉我，我这个小听众是存在于您的记忆中的，而能够以这样的方式成为节目的一部分，也使我感到由衷的快乐。

是的，"小听众"，我这样地给自己定位。我是一个高中生，开学后即将进入高三，而明年将迎来高考。大约是2005年的暑假，一个偶然的机会，让喜爱老歌的我认识了"流淌的歌声"。那时的我，被节目的丰富多彩和您亲切自然的主持风格吸引。于是，每天下午3点到5点两个小时的直播陪伴我度过了整个暑假：于是，一档不期而遇的节目和一个点播中温暖的声音，成为了我成长中的生命里不可或缺的部分。后来的日子里，尽管学业繁忙，在闲暇时我还是会打开收音机，与您和"流淌的歌声"在电播中欣然相会，用音乐来平复心下的纷繁。

转眼又是一个暑假，一样的忙碌，一样的酷热，一样的"流淌的歌声"，却让我有了从未如此强烈过的感动、感谢和感激。或许是因为清楚地明白十几天后将有与节目长达一年的分别；或许是因为自己有了足够的冷静来面对接下来一年的挑战和繁忙；或许并没有那么多的或许，只是成长路上一次次不曾谋面的相会，让一个叫海苏的声音和一段流淌的歌声在我的心中生根发芽，而最终萌发了一份情结——是的，情结。它早已存在，期待着我自己将她发现——这悄然的顿悟也正是促使我提笔写下4年来积淀已久的深情的原因。

当我偶然发现自己的手机号末三位是"947"时，"缘分"二字很自然地浮上心头，那种惊喜是难以言喻的。我一向是这样的后知后觉吧，就像4年后的现在才如此深切地体会到对您和"流淌的歌声"的感情。其实也正是"流淌的歌声"让我走近了"经典94.7"，走近了这个电波中遥远又切近的音乐世界，走近了一片又一片的新天地，最终成就了这段让我无比珍重的缘。

4年里，由于学业的种种原因，我注定的错过了很多——错过了几次听众见面会，错过了上海广播60周年的特别节目，错过了太多的精彩瞬间，正如我又注定要错过接下来一年的宝贵相会。无奈与遗憾中，这样的在心下对自己说：错过是为了更好地珍惜下一次遇见。而那一份不变的情结将会伴我与"流淌的歌声”分别的短暂又漫长的日子里找到心灵的宁静归属。

4年，对于“流淌的歌声”或许并不长，但在我生命的成长历程中，这不长的4年又是何等的弥足珍贵啊！与其说“流淌的歌声”伴我成长，不如说“流淌的歌声”本身就是我成长的一部分。因为，她那样深深地刻进了我年轻的生命中，予我一份厚重，一份大气，一份雅致，领我走向一片更宽更广的天地——海阔天空，又无华本然。

一直觉得，听节目和做节目的，都是需要感情投入的，而节目本身恰是这两种感情的交融。于丹的一句话曾长时间地令我屏息——“这世上的元素，你若有机缘喜欢她，她一定会成为你的一段人生。”一档节目，做得精、做得深、做得满、含情真，是很会打动人，很会叫人记一辈子的——于我，“流淌的歌声”做到了。

纸短情长，就此搁笔。愿这信笺上晴朗的蔚蓝，在这微雨轻喃的日子给您带去一段海蓝色的梦。

祝：平安幸福！“流淌的歌声”魅力永远！

（作者为学生）

海苏老师——你是我的眼

王根宝

亲爱的海苏老师，我作为您的忠实听众，收听"流淌的歌声"节目已有10个年头了，在与您结缘的日子里，您给予了我无数的帮助与鼓励，桩桩件件我都刻骨铭心，没齿难忘。

我因为从小身患脑膜炎，导致双眼视力严重残疾，只剩下左眼一点点微弱的光感，身高也仅为1.35米，此番模样让自己觉得无颜面对父老乡亲。2006年从闸北区残联退休后，只能独自一人整天捧着收音机，在那些经典老歌的旋律中，让自己忘却一切的烦恼与不快！

每天上午10点到12点，收听"流淌的歌声"节目是我雷打不动的必修课。听着您亲切甜美的声音，就像听到我最尊敬的老师在谆谆教诲，最知心的姐妹在推心置腹，但却因为自身的原因始终没有勇气与您直接对话。

2009年8月中旬，当我从广播中听到，"流淌的歌声"节目组将为听众赠书的消息，立刻打长途电话，让远在南昌工作的儿子替我发了几条短信到互动平台。不一会儿，我就收到了您的助理雯雯的电话，让我到广播大厦去取书。8月21日下午，当我兴冲冲地从嘉定赶到虹桥路广播大厦时，果真收到了一整套音乐书籍，真让我如获至宝。更让我惊喜的是，我终于见到了您——我心中的偶像海苏老师，我简直不敢相信，几年来只闻其声不见其人，让我仰慕已久的海苏老师，竟然是这样美丽、亲切和蔼、平易近人！当您说如事先得知我是一个视力障碍者时，会帮我把书籍邮寄到家时，令我感激不已、受宠若惊。作为您的听众与粉丝，能够得到您如此这般贴心关心，感到分外荣幸与温暖。当时您给我的签名留念和两张照片一直是我的珍藏。

海苏老师：您可知道，我虽然身患残疾，却也是一名音乐爱好者，或者称谓"业余歌手"。在过去的岁月里，我的歌声也传遍了闸北区、嘉定区的厂矿企业、大街小巷。自从2005年我的家从闸北区搬迁到了嘉定，嘉定人也是从歌声中认识了我，我现在是嘉定区盲人协会委员。我一如既往的追随着东广经典94.7，在"流淌的歌声"中，不断提高自己的综合素质和演唱水平，为精神文明建设作出自己的贡献。

海苏老师，以前我自认为自己是丑小鸭，很怕在大庭广众前露面，是您的热情厚爱给了我勇气，您对我非但不嫌弃，还如此这般的呵护有加，是您用行动打消了我的种种顾

海苏老师——你是我的眼

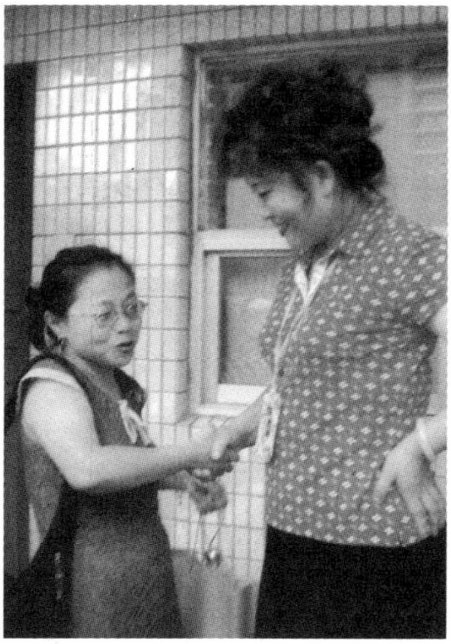

虑与不安。从此，无论在听众见面会或是音乐会现场都能见到我的身影。在您主持的节目中，我不仅得到了许多鼓舞与快乐，而且结识了许多趣味相投、富有爱心和同情心的听友，他们也给了我很多帮助与照顾，每次活动结束，总有姐妹朋友们护送我到地铁、车站，还不忘一路叮嘱我小心，小心——我心里明白，这都是海苏老师您的魅力、凝聚力与感召力所至！试想，倘若我不曾加入您的行列，又怎么会得到如此众多的关怀与厚爱？

亲爱的海苏老师，借此机会我要送您一首歌《你是我的眼》，前方的路有您的一路引领，我不会迷失方向，有“流淌的歌声”的陪伴，我将会把一路动听的歌声旋律珍藏在我的心中直到永远。

（作者是原闸北区残疾人联合会委员，
现任嘉定区盲人协会委员，嘉定区残联主席团委员）

我与“流淌的歌声”

王万能

我是一个先天性没有双手的人，由于生存所迫，我必须坚强、自立，然而，仅仅是孤军奋战。自从十年前与“流淌的歌声”结伴，不仅丰富了精神生活，陶冶了情操，还通过海苏老师，结识了一批听友，他们给了我增添战胜困难的力量。

在“流淌的歌声”互动平台的多次点播中，海苏老师记住了我，在以后的互动中她也总会对我表达问候与祝福，她的平易近人，让我不自觉地把自己的心情心意与她分享。记得有一次，我用断残的手臂夹住电烙铁烫画，一不小心，电烙铁滑落在大腿上，顿时起了泡，真是疼痛难忍。当一些听众朋友在电波中得知这一情况后，纷纷打来电话问候，有的朋友在电波中送来了歌曲。他们的热情问候和关爱呵护使我感觉到歌声里的温暖。我鼓足勇气克服困难，强忍着伤痛，完成了这幅烫画，送给了一位听众朋友。三年前的一天，因有事去这位朋友家，看到自己的画正挂在他家客厅的墙上，很是感动！我意识到：只有奋发图强、努力学习，残疾人一定能得到大家的尊重和器重！

十年来，是“流淌的歌声”指明了我学习工作的方向。有一位听友曾对我说：“我退休后每天听“流淌的歌声”节目，持之以恒，有时买菜回家，还有一分钟节目就要开始了，我立马停止一切手里的活，静下心来认真听节目。因为在节目中能听到许多动人的故事，还有相关音乐歌曲的背景及生活、健康等各类小常识。”听友认真听节目的精神启迪，让我认识到：“做任何的事情，都必须有一种认真踏实的态度”。记得有一位小听友要求我画几幅画给她，我很认真画好后给她送过去，虽然路途十分远，但是当我看到她满意的微笑时，我的心里十分高兴，因为我的作品又一次得到了朋友的认可与赞扬。

在“流淌的歌声”这个充满爱的大家庭里，感人的故事有许许多多。有着严重视力障碍的听众王根宝就是我学习的楷模，她热情向上，特别是她在努力学习用手机打字的举动，深深印在我的脑海里，每当我发生困难时，她的形象就会出现在眼前，再大的困难也都迎刃而解了。今年我作为区教育局运动会代表，在象棋比赛中取得了好成绩。

我虽然残疾，但我却从不言败，健全人所能干的我无所不能！我的人生格言是："学习，学习，再学习！"我深深懂得，如果不努力，就跟不上时代的步伐。作为一个残疾人，需要努力，更需要有意志力，当两者融合在一起时，我们同样是生活的强者！

十年的歌声，十年的辉煌；十年的歌声，十年的鞭策。我将在"流淌的歌声"伴随下，继续努力向前。

（作者原就职于上海市丰镇中学）

片花

寂寞时它来相伴

犹闷时它来慰藉

诉说时它来倾听

喜悦时它来助兴

它 就是FM94.7"流淌的歌声"

结缘“流淌的歌声”

吴昌华

2014 年元旦，是上海东方广播FM94.7“流淌的歌声”开播十周年的日子，作为这一档节目铁杆粉丝的我对十年来歌声的流淌感慨万千。

十年来，“流淌的歌声”流淌在我的岁月中，滋润着我的心田。在桃红柳绿、鸟语花香的春日，一首《春风吻上我的脸》，让我感受着春意盎然与勃勃生机；在炎炎夏日，听着那《泉水叮咚响》，几许清凉、几许欢快在心中荡漾；当秋意正浓时，《片片枫叶情》泛起的陈年记忆，足以让我陶醉；冬日里的那首《我爱你，塞北的雪》，让我久久回想起2013年12月29日在宝丰联大酒店举办的“流淌的歌声”答谢暨听众见面会的热烈场面。

FM94.7“流淌的歌声”是我生活中不可或缺的重要部分，她给予了我无穷的快乐与正能量。回想起当年结缘“流淌的歌声”的情景，至今历历在目……

那是2005年的某个春日，姐夫来我家，看到我在收听CD，对我说：“你那么喜欢听这些经典歌曲，可以在下午三点收听FM94.7“流淌的歌声”节目呀，你一定会喜欢的。”而后的一天下午，我打开了健伍收音机。当听到一首首穿越时空的经典歌曲，一种久违的激情从心底涌起，那尘封在记忆中的岁月，随着熟悉的老歌、军歌、民歌旋律在脑海中不断展现。在享受经典歌曲的同时，聆听海苏老师的主持，倍感亲切和温暖。海苏老师与听众的互动充满真情，节目中的小版块精彩纷呈……没想到在这忙碌而疲惫的生活中，竟然有这样一档让人振奋给人愉悦的节目，在难忘的经典旋律中一解身心的疲劳。

从此，守候“流淌的歌声”节目成了我的“必修课”。每天一边听节目，一边打点家务，心情轻松而愉悦。听着电波那端海苏老师与听众的互动，我老是猜想着她长啥样？是年轻的还是年长的？想是年轻的，因为她的声音清纯甜美又充满激情。想是年长些的，因为她在互动平台上就像一位知心姐姐，用心倾听每一位听众的心声。对生活中有着种种不如意的听众，她会娓娓道来，一一劝慰；对身有残疾的听众，她会谆谆叮嘱，为你鼓劲加油。听众一封封点播信，经她语言上的修饰，听来让人感觉流畅而完美。海苏老师究竟是怎样的一位节目主持人，怎么会像生活中的“老娘舅”？听众有了心事、烦事、伤心事、为难事，都喜欢与她诉说……久而久之，我在互动平台上熟悉了许多“流淌的歌声”粉丝们的手机尾号，分享着大家点点滴滴的快乐，积累着点点滴滴海苏老师与听众之间的感人故事。

于是，我也试着参与互动。第一次发出点播的短信时，心情颇为兴奋，也有些忐忑。作为一个参与互动的新听众，在有限的时间段是否能如愿呢?我站在收音机旁，竖起耳朵，唯恐错过海苏老师说的每一个字。当听到海苏老师播报听众手机尾数为5536的号码时，我心里充满了感动与快乐！从此，我在FM94.7“流淌的歌声”节目的互动平台上，我会适时地点播一些情深意长的歌曲，如：《送你一束康乃馨》《父亲》《爱的礼物》《365个祝福》《祝你平安》《陪你一起看草原》《小白杨》《在希望的田野上》《电话情思》……我的心语心愿随着电波传送，心情随之飞扬。

难忘的2009年某日午后，我的手机铃声响了起来。当我听到是仰慕已久的海苏老师的来电时，如同在梦幻之中，只感觉心咚咚跳着，脑子有些空白，语言有些木讷……这情形如今仍记忆犹新。因为海苏老师的战友也叫昌华，她误以为经常互动点播的我就是她的战友。这让我幸运地与自己喜爱的节目主持人有了第一次的通话。自此海苏老师知道，在电波的另一端有我这样一位曾在黑土地务农，身患骨关节炎，饱受病痛折磨着，但又非常乐观向上，热爱生活，钟情于“流淌的歌声”的听众。在以后的互动中，海苏老师总会道一声问候与叮嘱。

同年11月，我因腹部绞痛被家人送医急诊，CT检查过程中竟发现我的胰头部长有一个不小的囊肿，更可怕的是在做了增强CT后，又发现腹部周围的淋巴节都处于无名肿大。拿着一系列烫手的检查报告，我去了更有知名度的医院。当权威医生看了后，自言道：“完了”他告诉我这个部位不易手术，且淋巴节的肿大，一时无法断定其性质。当时我的心已凉了大半截，眼泪不自觉地流着。因为进食很少，加之担忧，头发脱落、人变得很憔悴。在这最难熬的日子里，是先生和女儿的鼓励，让我抛开杂念，在“流淌的歌声”中寻找快乐。以后，每当看到三个月复查未有变化的诊断书，都会让我有一种重生的感觉。检查回家等到FM94.7“流淌的歌声”节目开播，我就会与海苏老师互动，点歌分享我的喜悦，海苏老师总会为我加油！

见到海苏老师，是在一次听友聚会上。她给我的第一印象阳光、豪爽，不失军人本色。开朗、热情，毫无名主持的架子。第一次的交流让我感觉一见如故。在逐渐熟悉了解她后，让我看到了她的敬业精神和对所从事的这份播音工作、对传播民族音乐的执着。为了做好一套节目的采、编、播，为了满足广大听众的需求，自费购买了许多CD。在她的眼中，听众没有高低贵贱之分，尤其是对弱势群体，她更是关怀备至。最让我难忘的是“流淌的歌声”“怎样唱好红歌”讲座的第二场，我随大众出租九分公司学雷锋爱心接力班组和部分听友，来到宝山区淞南阳光之家，那里的智障学员热情地把我们领入二楼礼堂。尽管他（她）们的表情有些异常，鼓掌时双手也不协调。但听海苏老师讲课时，还是那么专注。而海苏老师，深入浅出，一字一句，从吐字到音准，没有半点马虎，并一遍一遍地纠正他们的发音。当海苏老师指挥全场高歌《爱我中华》时，阳光之家的学员们打着节拍，气氛是那么合拍感人！

“流淌的歌声”的情缘，也让我结识了众多的听友们，电波两端有了我们彼此的牵挂！2010年我生日的那天，第一次在电波中收到海苏老师及好些听友的祝福，真让我欣喜万分。更让我感动的是听友江铃，这位比我女儿还小一岁的女孩，在繁忙的工作之余，亲手为我绣了一幅十字绣，粉色的框架里嵌着那个大大的“爱”字，我把“爱”字深藏在我的心里，幸福的我感觉实实在在地成了“流淌的歌声”大家庭的一员。我与听友们从相识到相交，结下了深厚的友谊。相同的爱好让我们一路同行。

在与听友交往中，我还看到和知晓了不少感人的事例：不少的盲人和残疾人听友，身残志坚，追随音乐的热情丝毫不减，对生活充满信心；大众出租九分公司学雷锋爱心接力班组在班长金康生的带领下，十年如一日，帮助淞南阳光之家的智障学员；大众出租车写作班成员，在做好车队服务的同时，通过《出租汽车报》，传递爱的正能量。这种无言的力量，深深感动并激励着我。

收听FM94.7“流淌的歌声”节目和多年来的所见所闻，让我深深感到，“流淌的歌声”这个其乐融融的大家庭是我强有力的精神支柱。熟悉我的战友们都感叹我的坚强乐观，其实，这是“流淌的歌声”给予我生命的活力，也使我感到生活意义的所在。海苏老师每次下社区主讲《怎样唱好红歌》后，都要领唱《爱我中华》《我的祖国》。随同的我，每次一起歌唱时，心潮澎湃，无比激动。

这些年，在海苏老师的感召下，听友间互相关心，互帮互助，踊跃参加FM94.7举办的各项公益活动。在人民广场举办的汶川大地震《生死不离》CD的义卖现场、在音乐厅举办的为贫困山区儿童点亮《爱的小橘灯》捐书现场，都能见到我们这些听众们的身影。我还与大众出租车的代表及部分听友们，随海苏老师去看望脑瘤手术后的爱心的姐。当我们经历爱、体验爱、心中涌动爱时，心胸便因为爱而博大。海苏老师正是以这种博大的胸怀，接纳着每一位喜爱节目的听众，用她的无私与真诚、阳光与大气，在电波两端架起了一座和谐友爱的桥梁，让听众们在“流淌的歌声”这心灵的港湾中尽情享受大家庭的温暖。

我深深地爱着“流淌的歌声”，那镌刻着过往年轮的经典的红歌、民歌、军歌、老歌，不断呈现着其独特的魅力！“洪湖水啊，浪呀么浪打浪……”“让我们荡起双桨……”“甜蜜的歌儿飞满天……”“我们的生活充满阳光……”多情的土地……”这些充满生活气息的旋律，仿佛在诉说着我们曾经的故事……“流淌的歌声”为喜爱音乐、喜爱老歌的我们送来丰富的精神食粮，她是我的最爱，也是我生活中不变的主旋律。在庆贺“流淌的歌声”10周岁之际，我衷心地感谢海苏老师和节目组的辛勤付出，我想对“流淌的歌声”节目主持人海苏老师说的一句话是：遇上你是我的缘，守望你是我的歌……

（作者原就职于上海浦安联合发展有限公司）

老有所乐

卢国平

我是一个古稀老人，退休后觉得心里非常空虚。也许是天意，也许是缘分，一次偶然的机会听到收音机传出优美的音乐旋律，再往下听原来是东方广播FM经典94.7的节目，这下可就一发不可收，一直坚持到至今，将近十年。每次的听众见面会我都参加，与主持人及听友们的相聚时是我最快乐的一刻。

"乐"字则还有喜好、愿意的意思。一天在公园晨练时，看到许多中老年人手里都拿着半导体收音机，有的在听音乐，有的在听广播……，我问他们"经典94.7"你们听吗？什么是"经典94.7"？我对他们说："这是一档高雅的中外经典音乐节目，不分老少男女都能欣赏。"从此后，在"上南公园"我们有一群人每天聚在一起收听"经典94.7"传来的美妙音乐，有时连一旁的小朋友都会随着音乐舞动起来，共享天伦之乐。

特别是海苏老师主持的"流淌的歌声"节目，更是我们老年人的最爱，她让我们回忆起那青春的年代。海苏老师有着平易近人的处事风格和高超的主持水平，在节目中总是尽量满足互动平台的听众朋友的需要，并为我们送上真挚的祝福，使我们深深记住了“经典94.7”，记住了“流淌的歌声”。

总之，经典94.7“流淌的歌声”给我们中老年人带来了快乐和幸福，使我们老有所乐，乐在其中，不亦乐乎矣。

（作者原就职于上海溶剂厂）

片花

最熟悉、最亲切的红色记忆

最真实、最质朴的百姓情怀

最热情、最时尚的欢乐节拍

每周一至周五上午十点海苏邀您准时相约

经典94.7“流淌的歌声”

我与海苏老师

李花宝

我与海苏老师，迭个勿是一句普通的话，多年来，从我认得海苏老师，以及勒拉和海苏老师的接触中，她给我的帮助勿是一句话两句话能讲得完的，我总感觉到，我与海苏老师迭句话就像是一种温暖深深的勒拉我的心里。

我文化水平不高，也唔么啥额爱好，记得九年前，我刚从单位退休回来，觉得唔么事体做了，心里空空荡荡的，情绪也较关低落。我老公看到我这副样子就对我讲："侬闷勒屋里，可以去听听收音机，每天下午有一档专播老歌的节目，侬一定会喜欢额。"我说："是伐？"一天下午三点多，我打开了收音机，一边汏菜，一边听着收音机，啊呀，里厢一只只曲子迭个声音哪能嘎好听，听人家有文化额人讲，迭额是电波中"流淌的歌声"传来额美妙的歌声。其实，老早我听我老公播放机里放的歌，乱七八糟，吵吵闹闹，我真额觉得烦，叫伊快点关特。但是，奇怪的是，听着"流淌的歌声"我就觉得好听，有的还有点熟悉，我听着听着，好像喫子老酒，有一点点醉，听着听着，好像一团棉花糖勒拉心里化开，有一丝丝甜。是不是我和"流淌的歌声"有缘分？

我与海苏老师

讲到我与海苏老师的相识要从我的点歌开始。我还清楚的记得，当时正在播放一首有关电话的歌。接下来，主持人说："如果你要点歌，可以发送短信到10621062互动平台或是写信到虹桥路1376号，海苏收"。听完节目，我马上找出纸和笔开始给海苏老师写信，问她那首有关电话歌曲的歌名，并且点了首歌。信寄出了，可我的心里就像十五只吊桶七上八下，摆也摆不平，真不知道我迭个文化水平不高的人写的迭封颠三倒四，像额"拉丁文字"的信，海苏老师会有耐心看吗？能看得懂吗？会给我播出吗？一连串的问号，搅得我心神不宁！但是，真想不到，几天后，我听到海苏老师在收音机里播读我的迭封信，经她修改后的内容已是那么的流畅、完美。她不仅告诉了我，想知道的那首有关电话的歌的歌名为《电话情思》，还播放了我想点播的歌曲。那一刻，我高兴的心情简直无法形容。第一次在电波中听到自己的名字，平日的那些自卑感顿时烟消云散，心里升起了一种自豪感。

从那以后，收听"流淌的歌声"节目，便成了我生活中不可缺少的一部分。每天下午三点，（后来换到上午10点到12点）我准时守候在收音机旁，一边听着那一首首经典的老歌，一边还不时地跟着哼上几句，直到节目结束。有了这档节目的陪伴，我做啥事都不感觉累了。也就是从那时起，每周给海苏老师写信也成了我必做的功课。我读书时，正遇上“文化大革命”，也没学到什么文化知识，许多字都不会写。于是，我靠着一本字典，边写边查，有不会写的字，便在信中用拼音来替代。就这样，写了一封又一封没有条理、有一搭没一搭的信，我就这样坚持写了8年，没想到海苏老师用心看了8年，8年，容易吗？但海苏老师就是这样用她对听众的爱心和包容给予了我自信与勇气。“你好吗？”“有啥困难要告诉我……”这九年来海苏老师的每一次问候，感动着我，温暖着我。海苏老师早已是我内心世界的依托。

还記得，2008年汶川地震的那些日子。有一天中午，我打开收音机，听见某档节目的主持人在说：东广947正在上海音乐厅搞义卖，是给汶川地震的某小学捐送钢琴。我一听就想到海苏老师一定会在，我真想一步就能跨到音乐厅，见见我尊敬、喜爱的海苏老师，如能和她面对面地说上几句话就太好了。因为我平时很少出门，不太认路，怎么办？我犹豫了片刻，还是果断地出门了。一路问询，来到了音乐厅，凭着手中的一张健康财富报上登载的海苏老师的照片，我很快找到了她。“您是海苏老师？”“我就是李花宝。”“你好、你好。”见到海苏老师那阳光般的笑脸，我顿时觉得胆子也大了，不那么怯场了，没想到电波中的主持人竟然如此平易近人！见海苏老师很忙，我买了CD后，就与她告别回家。结果在途中还是走错方向迷了路。事后，当海苏老师得知我的情况后，她总会在每次活动前安排听友接送我。如有音乐会票一定给我留两张，还不忘一遍遍叮嘱。就这样，在海苏老师的呵护下，在听友姐妹的帮助指点下，我能独自出门参加各种活动了。走出家门融入社会，我的生活也从此变得多姿多彩。

2012年12月29日，是个难忘的日子，在宝丰联大酒店举办的“经典947——流淌的歌声”答谢暨听友见面会上，我被海苏老师邀请上台作为抽奖嘉宾。当海苏老师把我介绍给台下的350位听众时，我十分激动，心中充满感慨：是海苏老师的博爱精神，在电波中架起一座友谊的桥梁，让我这个原本光会干活不经世面的人，拥有如此众多关爱我的兄弟姐妹；是海苏老师用她的热情、智慧，让我在收听节目中不断获得来自旅游、健康养生等各方面的知识，让我懂得如何理解歌词，恰如其分的为家人朋友们点歌送祝福；是海苏老师的军人本色感染和鼓舞着我，给予我生活的勇气和力量，教会我如何自立自强。现在，我正在努力赶上时代的步伐，学会使用电脑、微信，欣赏美文，与朋友聊天。现在，我走出家门，参加合唱，侬相信伐，在大宁绿地百人合唱中也有我激扬的歌声呢。

掐指算来，我收听FM94.7“流淌的歌声”节目已有九个年头了。还记得当时我第一次收听“流淌的歌声”的情景，还记得我结识海苏老师的情景，我与海苏老师的许多往事，现在就像电视剧一样一幕幕在我眼前演过。我感到，我与海苏老师结缘的点点滴滴永远都是我心中一首难忘的歌，也是我心中一首最美好的歌！海苏老师：我的生活因为有了侬而变得精彩！

（作者原就职于上海铸造二厂）

深深吸引我的“流淌的歌声”

朱玉珠

那是2000年秋天，我结束了所有的工作，全身心停顿下来，享受退休生活，原来忙碌的工作歇下来，突然觉得空荡荡的。听老伴推荐说：“有个频率全天放送经典音乐，你现在有空可以听听。”我想我原本是喜欢听音乐，听好听的歌，只是过去忙于工作，少有时间，现在经老伴一提正合我意。于是，在一个午后，我打开了东广FM94.7，听到了“流淌的歌声”这档节目。

主持人海苏热情爽朗，话语亲切的主持风格极具亲和力，“流淌的歌声”深深的吸引了我。于是我就开始了收听经典947的音乐历程，从此欲罢不能！

伴着流淌的歌声，我体会到了怀旧、思乡、思念、快乐和忧伤等各种韵味，使我在流淌的歌声里流连忘返。那欢乐跳跃的音符，那时而幸福、时而快乐、时而忧伤、时而喜庆的旋律，让我感受到了歌声的无穷魅力，也感受到了以歌会友的无穷乐趣。是音乐架起桥梁，让我在美妙的电波里、虚拟的网络空间结识了许多爱好音乐的朋友！正如海苏在主持中所说：“在音乐当中让听众感到经典947大家庭的温暖和人文关怀。”

谢谢流淌的歌声，谢谢海苏！从此我的退休生活不再失落、不再寂寞，而是更加快乐和多彩！

在“流淌的歌声”节目中，海苏还时不时用她那清脆靓丽的歌声给我们听众带来惊喜和享受，海苏不仅最大限度地满足听众的点播和祝福，还以她那独有的方式，以最大的热情为听众送去关爱，送去温暖。尤其对身患病痛、残障的听众更是关爱备至。有位特殊的年轻听众，更是把对她的爱戴和敬重就像对待自己的母亲一样。为听众着想，为听友送享，这是“流淌的歌声”的宗旨。特别是近年来，流淌的歌声新增了民乐、名曲点播，更深得听众的喜爱和响应。可谓是：丝竹阵阵绕梁飞，仙乐飘飘旷神怡。十年柔声醉听众，今日始觉是知己。

作为“流淌的歌声”节目的听众，也许广大听友和我一样，听众见面会是我们共同的期待。见面会那热烈的氛围和场面，是最令人难忘的了。见面会上有海苏精心策划的精彩节目，也有听众们献艺献唱。更难忘的是海苏用她那亮丽高亢的歌喉，走下舞台、走入听众中为大家献唱，，把现场的气氛推到高潮。充分体现了海苏平易近人、亲切热情的平民情结和亮丽风范，那温暖融洽的感人场面无不让听友们倍感温暖。听众见面会让听友们欢聚一堂，畅谈收听节目的点点滴滴，享受音乐的无穷魅力，增进了听友间的友谊！

深深吸引我的“流淌的歌声”

“流淌的歌声”回荡在我们的心间，那婉转深远的音韵寄托着我们怀旧的情愫！那昂扬奋发的旋律激发着入我们心中蓬勃向上的活力！以歌会友、以歌励志、以歌怡情，魅力无限！

祝“流淌的歌声”十年再十年，节目越来越精彩！

（作者原就职于上海毛巾三厂托儿所）

片花

“流淌的歌声”是长空的云霞

“流淌的歌声”是碧海的波涛

“流淌的歌声”是春日的暖风

“流淌的歌声”是心灵的吟唱

真诚的合作

李新成

海苏是一位德才兼备、非常优秀的节目主持人，她音乐功底深厚，为人谦和诚恳，不摆架子，无论对谁都以礼相待，给广大听众中留下良好的印象。认识海苏，还是在上海人民广播电台音乐节目“流淌的歌声”栏目里，由于长期互动，分析作品，交谈体会，久而久之，便成了朋友。

“流淌的歌声”栏目收集了各种形式的音乐作品，如声乐、器乐，有民族的、西洋的，播放给广大听众后，在听众中得到了非常好的反响。在“流淌的歌声”节目中，海苏举荐新人新作，不拘名望地位，只要是优秀作品，她都在此举荐亮相。她解析古今中外音乐作品，专业独到，颇具匠心，体现了较高的音乐理论和实践水平。

1984年，我在国家级刊物《词刊》杂志上发现了《陇原情》这首歌词，立刻激起了我要为此谱曲的愿望，当即研究歌词，酝酿谱曲手法。我决定要采用在甘肃民歌的基础上加以创作，以热情、饱满的激情来讴歌陇原儿女对家乡的赞美之情。经过我的努力，终于把词《陇原情》的谱曲工作完成了，歌曲《陇原情》得以面世。

丨真诚的合作

当我把拙作歌曲《陇原情》冒昧地提供给海苏的时候，她非常高兴，祝贺我谱曲成功。后在海苏的举荐下，在上海东方广播电台、甘肃人民广播电台多次播放。这首歌词以真挚、热情的手法描写了甘肃辽阔无比、多姿多彩的美景，作为陇原儿女，虽然面对家乡有些地方还很贫困，但无论走到哪里，总是割舍不掉对家乡的情怀。我曾在火车上碰到一位美丽的甘肃姑娘，我们一同从美丽的南方向兰州驶去。看到一路上景致的变化，她说："虽然越走越荒凉，但心里却感到越来越亲切。"可见人们对家乡的情感总是终身恪守，难以忘怀的。

当歌曲在上海和甘肃人民广播电台播放后，互联网上的点击率激增，每天都有六七千及近万次的点击率。也在互联网上广泛流传，得到了广大听众和有关专业人士的一致好评，这真的使我感到十分欣喜。欣喜之余，我要感谢"流淌的歌声"栏目和我的真诚合作，我要感谢海苏对我创作的歌曲《陇原情》真诚的关注和支持。我有幸遇上了海苏，有幸遇上了海苏这样一位爱好音乐，对音乐深有造诣的知音。

（作者原就职于上海市浦东新区高行镇政府）

老歌唤回青春

杨浦区"流淌的歌声"之友

在晓日晚霞间奔驰的电波里，
承载着舒缓、激越的歌声，
那是"流淌的歌声"流淌着温馨、快乐；
在春暖秋爽酷夏严寒里传送的电波中，
承载着海苏老师亲切的话语，
那是"流淌的歌声"流淌着奋发、蓬勃。
流淌的歌声，
歌声在流淌，
歌声，
流淌进高楼巷陌。
歌声，
流淌进千家万屋。
"流淌的歌声"带来最好的民歌世界，
送出春的烂漫，夏的浓荫，
感觉秋的明净，冬的熔铄；
"流淌的歌声"带来最动听的老歌旋律，
给了你春的萌芽，夏的热情，
感觉秋的豪爽，冬的寒酷。
"流淌的歌声"让生命闪光、收获希望，

老歌唤回青春

让你欢颜浮现，胸怀开阔！
去享受音乐、享受生活，
去奋斗在郊县、城郭、工厂、案桌……

我爱“流淌的歌声”，
让逝去的时光再现，
往事云涌眼帘，如昨，如昨……
我爱“流淌的歌声”，
让今天的我们昂然向上，
笑对眼前，重新唤回韶华执着拼搏。
我爱“流淌的歌声”，
让未来的梦想霓虹灿烂，
相信明天的岁月更加多彩、更加洒脱！

又是一年新气象，
祝福您——“流淌的歌声”，
声誉更加显豁！

—— 杨浦区“流淌的歌声”之友

让流淌的经典永驻心间

王辉

经典音乐，永远是时光长河里最为动人的乐章。她，有如一本本书，或饱蘸着深邃的哲理，或充盈着唯美的诗意，丰富的内容等你去翻阅；她，有如一幅幅景，或展示出迷人的风情，或写就着无限浪漫，美妙的意境待你去欣赏。她，让听者的心里总是满满的，满满的幸福与思索、满满的感动与渴望，随之而来的是流淌心灵的惬意与祥和，永驻心间的快乐与满足。

走近“流淌的歌声”虽说偶然，却并不意外。那个周五，因上海知青陆老师的介绍，我了解到上海东方广播的“流淌的歌声”节目。第二天正是周六，八时整，我准时收听了这期“母亲节特别节目”，一个小时的时光很短暂，但是留在脑海里的记忆却是那么清晰，《妈妈的吻》《烛光里的妈妈》《母亲》等歌曲，不仅仅让我回到了既遥远又亲切的童年时代、想起了妈妈为我点燃的生日蜡烛、也似乎看到了烛光中白发苍苍的母亲和她那不再挺拔的身躯。节目一结束，我便回绝了朋友之邀，放下个人的琐事，赶往附近商场，为母亲精心选择了一顶凉帽，然后到父母家里，陪母亲聊天，为母亲按摩，和父母亲一起过节。我想，是因为歌声触动了心底甜蜜的情愫，让我把爱化为了行动，这才是献给母亲最美的歌，送给母亲最真的爱！

从那以后直到现在，只要我的工作不忙，只要有时间，我就会在周六和周末的八点打开网页，锁定上海东广94.7频率，亲近那久违的歌声。渐渐的我了解到该栏目处于国内更全面更权威的经典艺术的前沿，将传统与高雅的结合；让历史与现代完美的交汇，旨在透过音乐故事、民歌欣赏及一些时尚信息，让听众去感受经典艺术、高雅艺术的永恒。

一次次收听，一次次震撼，让我再次领悟着《梁祝》这朵民族乐坛上的奇葩，用爱情的绝唱赋予一个古老传说以永恒的生命力；感受着《二泉映月》超越时空的艺术力量对我的征服……就像柴科夫斯基说的那样："音乐是上天给人类最伟大的礼物，只有音乐能够说明安静和静穆 。"

虽然我在东北一偏僻的农场从教，与上海繁华大都市相隔遥远，不同的生活观、没有交集的情怀，但是因为"流淌的歌声"，可以与曾在我的农场生活过的知青叔叔阿姨们走近，可以和海苏老师走得更近。音乐，就这样流淌在我的心上，经典，就这样让我抑制不住内心想要表达的冲动，便把它写下来，与你分享。

“流淌的歌声”有如读一本书的享受，从某种意义上来说，带给我心灵的感动是一样的，如果说阅读经典是一种知识视野的开阔，那么聆听经典，就是一种心灵情绪的放开，它唤起许多美好的往事，像山间清泉滴滴入心，在收获歌曲带来的心灵由触动到震撼里，那种感觉仿佛带我们欣赏一幅幅流动的画面、聆听一个个引人入胜的故事，诵读着一首首飘逸的抒情诗，带我们重新审视人性的真谛，重温那些美好的日日夜夜。

“流淌的歌声”选择的每一组音乐都围绕着一个主题，但是歌曲风格迥异，或欢快或抒情或沉静或宽广或振奋或忧伤，它让喜欢经典歌曲的人找到知音，让喜欢演唱的人获得了技术指导，让需要音乐的人得到心灵的安慰，能满足不同听众对音乐的喜好。因为喜欢，就会很容易沉浸在那份情境里，任它唤起我内心的温存，任它触摸我心底的软肋。那歌声里流淌的或是母亲的慈爱、或是父亲的严厉、或是师者的高尚、或是农民的朴实……它是寒夜炭火，温暖心扉，亦如久旱甘霖，滋润心田，禁不住让我无限向往并去努力创造美好的人间。这就是音乐的魔力吧？她让喜欢的人更热爱，让热爱的人更美地生活。

在我们陶醉于《难忘的旋律》《军旅之歌》《我爱听老歌》的声乐里、学会了更多的“新生活小常识”时，在回味着短信点播的外国古典歌曲和器乐曲时，在聆听着主持人海苏老师对每首歌曲凝练的诠释及亲切自然的和听众的交流中，是否想到她付出了多少艰辛？为了准备每期节目内容，海苏老师要和众多听友沟通，要筛选出最适合的曲目，还要考虑到不同听众的需求……节目之余，她坚持帮助合唱团排练，从讲授歌曲的练声、发声到注意事项等格外细致，还特别强调要尊重作曲家的作品，千万不能擅自添加滑音。她的讲述为合唱团的队员们提供了很好的学习平台，也使她们向往更专业、更高层次的音乐境界。

海苏老师就是这样一个热心人，除了主持“流淌的歌声”，指导专业指导合唱团，她还会以实际行动献爱心，与其听友们一起帮助一些生病或有困难的人。在听众的心中，海苏不仅仅是主持人的形象，更是一个向社会传播真善美正能量的公益大使。喜欢是一回事，能否用内容贴近听众的心，满足听众的愿，把她打造成听众深深企盼的节目并不易。毫无疑问，是海苏老师的独特圆润的主持风格、是她的淳朴真挚、通达博爱的人生境界、是其个人魅力所造就的！如果有机会去认识海苏老师，我想我一定不会错过！

现如今，很多人都在追逐流行音乐，购买大牌歌星的光碟，很多公司都在想方设法提高收听率、票房率、发行率，这必将失去文化的意义，“流淌的歌声”像一道永不消逝的电波回归经典！她，撼人心魄，排除尘世的喧嚣，又容不得任何杂音的掺入；她，是音乐家创作出来的超越语言的独特语言，又是任何语言所无法企及和复述的；她，让我们远离了邪恶，拒绝污言秽语，驱散内心的阴霾，赶走工作的疲惫，让我们品味一顿文化大餐。在经典中走近遥远的年代以及那些美好的记忆——秀丽的山村、宁静的池塘，空灵的山谷，爱心的小屋……丰富的人间世界，留存着现在或者未来都不能重现的生活背景和文化印迹。

让我们在仰望中及时止步，在这里并肩，以歌声的名义坚守“流淌的歌声”，在无形的音乐之声中感受无形的力量吧。

愿流淌的经典永驻心间，快乐地奔向远方。

（作者原就职于黑龙江虎林市云山农场学校，
现为北大荒作家协会会员）

海苏老师：收听你主持的"流淌的歌声"节目，给我最深的感觉是：你的主持风格亲切、率真、自然、温馨而富有人情味，就像和自己的家人、好友在聊天、在谈说，尤其是那些生活健康常识和旅游介绍，伴着优美的歌声和悦耳乐曲，沁人心扉。谢谢你的辛勤付出，给我们带来了快乐、知识和音乐享受。

—— 陈家健

尊敬的海苏老师：我是江苏南通一家外资企业（巴西）员工，我每周来上海一、二次（办事或率巴西外商至巴西驻沪领事馆），只要有时间，总是在别克商务车上聆听您所主持的"流淌的歌声"节目，您播放歌曲前后的解说是那么的贴切、得体，让人感动并受教育，就像边疆的泉水清又纯，且每首歌又是那么的暖人心；您的节目老少皆宜，人听人爱；在您所主持的节目中欣赏歌曲，真是回味无穷！

有些声音，可以改变人的情趣；有种声音，给人带来无限的深情和诗意；在表达对您的敬意的同时，真诚地祝愿您的节目越办越好，让天下更多的人了解和知晓《流淌的歌声》。

—— 范义祖

“流淌的歌声”有很强的亲和力，海苏老师对听众亲切、亲近，互动性好，有问必答，有求必应，嘘寒问暖，犹如一家人。节目中穿插对音乐家、歌唱家的介绍，还有旅游及生活健康小常识等等，使我们每天在欣赏那优美的歌曲的同时，还获得了许多丰富的知识和信息。

“流淌的歌声”独树一帜，大力弘扬祖国的经典音乐，以民族唱法为主，难能可贵，符合我们的国情，深受广大听众的喜爱！

—— 胡锡祺

我是一位残疾人，出行不方便。在家时最喜欢听您主持的“流淌的歌声”节目，已经坚持收听好多年了。这档节目是我文化生活中不可或缺的一部分。您的主持生动活泼，具有亲和力，鼓舞人心，让我消除苦闷，扬起了生活、工作和学习的风帆。

—— 颜 平

听友心语

2006年初，我偶然收听到了海苏主持的“流淌的歌声”节目，真是高兴。很喜欢听怀旧的歌声，似乎把我带回到了青年时代、中年时代的生活。听到那熟悉的歌曲，我会随着独自哼哼唱唱，不但消除了我的孤独，使我也变得似乎年轻了，心情也随之舒畅！

每次听到你的声音，总感到有一种亲切，我非常感激你给我这位空巢独居老人带来的欢乐与安慰，！很想成为你的挚友！

—— 刘　林

“流淌的歌声”首先是歌曲选得好，内容健康，喜闻乐见，旋律优美，真是久唱不衰，百听不厌，都是经典的好歌曲。

我们就是爱听歌颂党、歌颂祖国、歌唱人民、歌唱人民军队、歌唱军民团结、歌颂革命前辈、歌唱伟大的时代、歌唱美好的生活、歌唱纯正的爱情……，这些歌曲听了使人精神振奋，有很强的感染力。“流淌的歌声”使我们的生活更美好，它是夏日里的凉风，是冬天里的一把火。

—— 胡锡祺

“流淌的歌声”，承载了中华文化的源远流长；“流淌的歌声”，唱响了中华民族的和谐乐章；“流淌的歌声”，是节目组精心呵护的花蕾；“流淌的歌声”，是阳春白雪、下里巴人共同的最爱。

—— 阮兰凤

一声轻缓的感叹流淌在我们的心底，您的辛勤为听众们传送着情意，萦绕在我们的心里。海不知山有多远，有的是无数无数的涟漪，山有木兮木有枝心悦，可知老幼皆知音跟随着您的脚步。愿夏日的一份情谊，浓缩着我们对您——海苏的感谢和友情！一份礼物，创写下平淡的友谊乐章。

—— 张栩怡　张金珠

我每天都会准时将收音机的频率定格在东广FM94.7兆赫，与您在空中见面，聆听您精心编排和主持的节目——“流淌的歌声”。

她让时光倒流，使人追忆往事，回味无穷。优美的旋律随着岁月的磨砺，变得经典、永恒。在此，请接受我一位忠实的听众对您和“流淌的歌声”节目的敬意与感谢。

我们办公室的同事们都喜欢听您主持的这档节目，也许是和那些歌曲有着千丝万缕的情感，大家听着优美的旋律，情不自禁地哼唱，时不时用脚踩着节拍，也算是对工作疲劳时的一种放松吧，既怀旧又惬意。

喜欢听您的节目还有另一个收获，就是节目中的《健康小常识》版块，非常贴近我们的生活，它看似简单，但在日常生活中很有启迪和帮助作用，得益非浅。

海苏老师：感谢您每天给我们带来欢乐和美好的回忆，愿您主持的“流淌的歌声”源远流长，流进千家万户。

—— 季文兰

我常收听东广FM94.7“流淌的歌声”节目，非常鼓舞人。我们全家有十多位军人，我本人也在海军部队服役23年，现已退休。我对节目中的军旅之歌，非常感兴趣。没想到还有这么好的一个节目版块，专门播放军旅歌曲，很有回味感，有激情、有向往。听着这些耳熟能详、激情昂扬的歌声，部队几十年的战斗生涯，一幕幕的在脑海里过电影，真是百听不厌，并带给军人和曾当过兵的人一种享受，一种激励！

—— 李海东

“流淌的歌声”实在是办得很有特色，作为一名忠实的听众，我感到极大的幸甚。节目中那些耳熟能详的经典老歌，仿佛把我带回了那难以忘怀的火红年代。

其实，辽阔的神州大地处处洋溢着时代的风情，都有着我们魂牵梦绕的流淌的足迹，用歌声和音乐表达人们对历史的追思与梦想，这正是“流淌的歌声”所带给我们的启迪。

—— 朱银龙

海苏老师：从“音乐会说话”到“流淌的歌声”节目，我几乎天天听到你贴心的播音和色彩丰富的音乐，这给我带来了心灵的安慰。上海有这样一档节目是我们老年人的福气！

—— 韦 业

365个日子免不了有喜怒哀乐，当心情不好时，只要打开东广94.7那个熟悉的频率，听到那熟悉、亲切、和蔼的声音，一个亲近朋友似的沟通和那永不退色经典歌曲的放送，自然而然就在空气里酝酿着和谐友善，心情也就走过了阴雨迎来了春风。

—— 王中华

| 听友心语

海苏老师：我每天专心致志倾听你主持的“流淌的歌声”节目，难忘的金曲和优美动听的旋律一遍遍、一次次像清澈的甘泉，沁入我的心田，使我享受到了至高无上的艺术欣赏，真谓心旷神怡！感到无限的幸福和无比的快乐，她是我生命中不可缺少的一部分，我真正感觉到自己已上了“瘾”，她使我的退休生活更充实、更丰富、更有意义！她是我的知音、知己，是我永远的朋友！

—— 陈杏芳

一次偶然的机会聆听到了“流淌的歌声”节目播出的民歌音乐，此后便坚持收听。这给我的退休生活增添了很大的乐趣，每天在边做家务边听歌曲时，心情相当愉悦，也为之深深地陶醉，成为此节目的忠实听众。

我很留恋，也很想听过去曾经常播出的让人荡气回肠的《天路》《青藏高原》；深沉豪放的《嘎达梅林》《草原之夜》《美丽的草原我的家》（德德玛版）；激情飞扬的《信天游》《黄土高坡》；委婉动听的《茉莉花》《采茶歌》；英雄正气的歌剧《江姐》《洪湖赤卫队》中的插曲；还有让人回味的情歌等等。总之希望此栏目（唯一播放民歌的栏目），能像小河潺潺的流水，流淌出五彩七色的音符，绽放出绚丽多彩的民歌经典，通过你们的播放，在热爱民歌的听众们心中永远流传下去，源远流长。

—— 吴燕琼

温馨如家的"流淌的歌声"，她让人、海都苏醒了，在这里所感受到的亲情、友情、祝福、祝愿……让我享尽人间的快乐！

—— 彭红英

在"流淌的歌声"节目中我有幸知晓《健康财富报》，因此也增长了不少健康生活的知识。海苏老师你说得好："健康是人生最大的财富，是一切幸福的基础。"

健康生活要有规律的饮食起居，但首先要有一个乐观向上的心态，而参与健康有益的文艺活动是保持乐观向上心态的有效途径，尤其是唱歌受到许多人的喜欢。我也是个很爱唱歌的人，虽然唱得不好，但我觉得很开心。在歌唱中情感得以释放，心情得以愉悦。我也很喜欢聆听古今中外的音乐，音乐给我的生活带来无比的快乐！这也是我退休后健康生活的准则。

| 听友心语

海苏老师：谢谢你的健康生活推荐，谢谢你给我带来美妙动听的歌声和音乐享受。

—— 邓瑞芬

《二泉映月》《彝族舞曲》《彩云追月》《紫竹调》《旱天雷》《赛马》等这些民族器乐多年来脍炙人口，如今却很少有机会再听到。但东广经典音乐广播的“流淌的歌声”节目，却时常让人大饱耳福。主持人海苏与听众互动，打开“音乐之门”，欢迎听众点播。这里流淌的不仅仅是歌声，还有广播人对听众的一番真情。

—— 曹振华

我是“流淌的歌声”的忠实听众，每天在节目中尽情享受着经典旋律的美妙，在互动平台上，我总会适时地为海苏老师和听友们送上一曲《梦里水乡》或《又见茉莉花》，来表达我的问候与牵挂，与此同时，我也在那跳跃的美妙音符中享受一份悠然、恬静……

—— 邓有红

我们是“流淌的歌声”节目的忠实听众，每次倾听，流淌的歌声里总伴有舒心的快乐；虽然已是中年，仍能从流淌的歌声里感觉到青春音符的跳动。记得上次收听到我们点播的《洗衣歌》，心中别有一番惬意。音乐除了带给我们快乐，也似乎找回了我们的青春。

——邵卫娟　汪　淳

一首优美的经典歌曲《我的祖国》，唤起我心中的赞美之情，回味无穷!经典之歌就是美，流淌的歌声就是美。我是海苏老师主持的“流淌的歌声”栏目的忠实听众，多年来家中的收音机锁定在这栏音乐节目。熟悉的旋律，优美的歌声让我如痴如醉。

——张文豪

我是插队知青，1969年17岁上山下乡到农村。我除了带一只人造革皮箱装有全部生活用品外，花60元钱买了一台当年属于很贵的半导体，背在身上，打那以后，广播音乐伴随着我，在那艰苦的岁月里，我听着歌声，唱着歌曲，度过了十个年头。

听友心语

回沪后的我，还是一如既往的喜欢与广播与音乐为伴。自从收听到这档“流淌的歌声”节目，感觉非常亲切，一下子把听众的心拉近了。海苏老师的解说很到位，让我了解了许多自己喜欢的歌唱家台前幕后的故事，知道了不少歌曲的创作背景。

在紧张的工作之余，听你主持的节目，得以放松；听你的节目，是一种愉悦的享受！

—— 任志宝

一个偶然的机会，我走进了东广94.7这个经典的音乐世界，走进了“流淌的歌声”，从此欲罢不能，每天守候时，你们是属于我的，我也属于你们。

我是个音乐爱好者，但我没有想到音乐频率为我们怀旧老人策划、编制如此经典的音乐大餐，非常感谢全体编播人员。

海苏老师：你的主持随和、亲切，有一种亲和力和亲近力；你的主持恰到好处地与“流淌的歌声”这一主题融为一体！

我十分赞赏你像海一样舒展的自然、亲切、善于和听众交流的主持风格。听你的节目，就像和你在品茗聊天，在遨游音乐旅程。

—— 王英英

我有一个梦想

海苏

“我是海苏”，
东广“流淌的歌声”的主播，
我有一个梦想，
一个并不大的梦想，
我的梦想就是要做一个好主播，
让人民广播凝聚向上的力量！

传递爱民情怀，
我要给百姓把温暖留下，
播送经典歌曲，
我要为群众把红歌唱响！
年年岁岁给听众点播心愿，
岁岁年年和百姓拉上家常，
用海的胸怀拥入平民百姓，
用爱的蓝天关怀百姓万家。

电波在流淌的歌声中穿越，
爱心在梦想的执著中传扬，
我要像一只海燕，

我有一个梦想

紧贴着人民群众的大海飞翔。
只有融入这一片海洋，
才能汲取向上的力量。
伴随着“流淌的歌声”十年的流淌，
我心中充满着感动和阳光
“我是海苏”，
我要把追梦的感动和感言奉上：

假如我是一滴水，
我要不知疲倦地奔流到千万家，
滋润广大听众朋友的心田，
让关爱的涓涓细流流淌。

假如我是一滴水，
我要随着“流淌的歌声”一起涌动，
唱响主旋律，
弘扬正能量。

假如我是一滴水，

我要激起一朵朵浪花，

让时间见证我那火热的真情

让听众感染到我那美丽的激情飞扬。

假如我是一滴水，

我愿让灼日将我化成水汽升腾到高空，

然后化作甘霖降临到人间，

将我的善爱送到最需要受助者的心上。

假如我是一滴水，

我愿化作一片冰心，

让我这滴水变得更加纯洁，

让纯洁保持在永远的畅想。

假如我是一滴水，

我要化作一个个音符，

和着“流淌的歌声”一起欢唱，

欢唱你依然是我们的快乐驿站和心灵港湾，

欢唱你继续成为我们的和谐家园与音乐讲堂。

我有一个梦想

虽然一滴水是那样平凡，

但依然可以在平凡中创造梦想！

虽然一滴水是那样微小，

但在阳光下依然可以晶莹闪光！

我要和涓涓细流一起融入江河，

大海，是我们奔流的方向，

奔腾不息的声响

是我们一路向前的昂扬，

汹涌腾起的浪花

是我们开拓创新的冲浪。

“我是海苏”，

我有一个梦想，

我要让一滴水的勃发为我的追梦助力，

我要让动听的歌声继续流淌，

我要继续为民服务的不变宗旨，

我要在追梦中肩负起应有的担当，

一滴水一样要奔向大海，

我要和我的听友们一起

去拥抱我们梦想的太阳!

——海 苏

歌声流淌

李新成词曲
李长缨改编
汤　迎编曲

1=E $\frac{4}{4}$

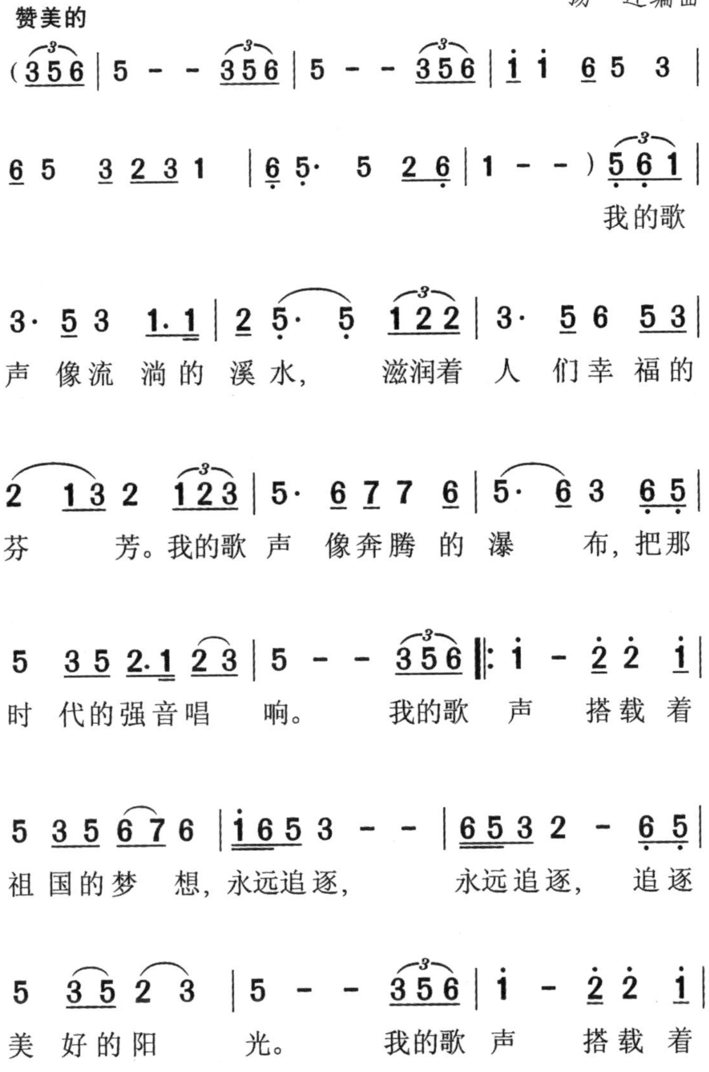

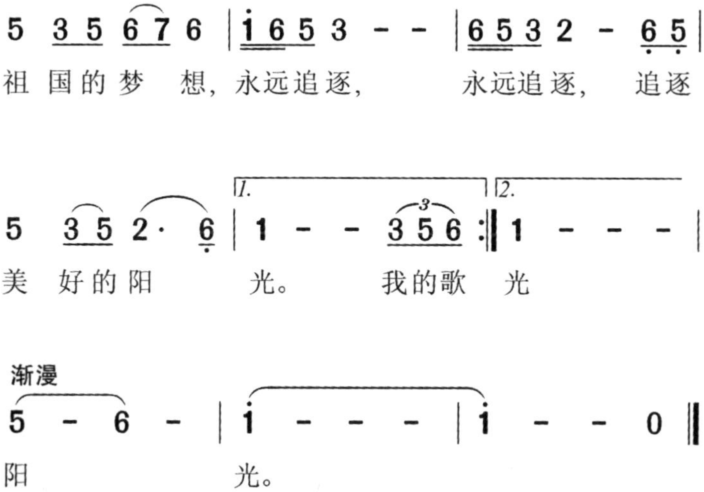
祖国的梦 想，永远追逐， 永远追逐， 追逐
1.
2.
美 好的阳 光。 我的歌 光
渐漫
阳 光。

图书在版编目（CIP）数据

美丽邂逅——电台主播海苏和她的听友们 / 海苏编著 – 上海：上海音乐出版社，2015.8

ISBN 978-7-5523-0890-7

Ⅰ. 美… Ⅱ. 海… Ⅲ. 音乐 – 广播节目 – 概况 – 上海市 Ⅳ. G229.275.1

中国版本图书馆 CIP 数据核字（2015）第 180960 号

书　　名：美丽邂逅——电台主播海苏和她的听友们

编　　著：海　苏

出 品 人：费维耀

责任编辑：陈涵卿

音像编辑：陈涵卿

装帧设计：上海允集文化传媒有限公司

印务总监：李霄云

出版：上海世纪出版集团　上海市福建中路 193 号　200001

　　　上海音乐出版社　上海市绍兴路 7 号　200020

网址：www.ewen.co

　　　www.smph.cn

发行：上海音乐出版社

印订：上海书刊印刷有限公司

开本：787×1092　1/16　印张：11　字数：83 千字

2015 年 8 月第 1 版　2015 年 8 月第 1 次印刷

印数：1 – 3,000 册

ISBN 978-7-5523-0890-7/J · 0806

定价：50.00 元（附 CD 一张）

读者服务热线：（021）64375066　印装质量热线：（021）64310542

反盗版热线：（021）64734302　（021）64375066-241